햇살 한 줌

나남
nanam

나남신서 1879

햇살 한 줌

어느 생명주의 소설가의 귀촌명상

2016년 8월 15일 발행
2016년 8월 15일 1쇄

지은이 • 김상렬
발행자 • 趙相浩
발행처 • (주) 나남
주소 • 10881 경기도 파주시
　　　　회동길 193
전화 • (031) 955-4601 (代)
FAX • (031) 955-4555
등록 • 제 1-71호 (1979.5.12)
홈페이지 • http://www.nanam.net
전자우편 • post@nanam.net

ISBN 978-89-300-8879-4
ISBN 978-89-300-8655-4 (세트)

어느 생명주의 소설가의 귀촌명상

햇살 한 줌

김상렬 지음

나남
nanam

시골, 그 밥상이
행복이다

도시에 사는 중장년 사내들의 절반 이상이 전원생활을 꿈꾼다
고 한다.

치열한 경쟁사회 속 지친 일상의 한 단면을 그대로 보여 주는
산 증거라 하겠다. 저 푸른 초원 위에 그림 같은 집 짓고 사는
게 어찌 그들이 선망하는 아름다운 낙원의 참 모습이 아니랴.

하지만 그에 따라 치러야 하는 대가는 결코 만만치가 않다.
결곡한° 용기와 오달진° 사전준비가 반드시 필요하기 때문이
다. 그렇지 않으면 수많은 시행착오와 좌절, 뼈아픈 시련의 수
렁으로 금방 빠져들고 만다. 꽃 피고 새 우짖는 봄날은 잠깐,
세월은 이내 잡초 무성히 우거지고 온갖 해충과 모기떼 창궐하

· 결곡하다 : 얼굴 생김새나 마음씨가 깨끗하고 여무져서 빈틈이 없다.
· 오달지다 : 허술한 데가 없이 야무지고 알차다.

는 한여름으로 바뀐다. 낯선 시골살이는 곧 이것들과의 전쟁이라고 해도 과언이 아니거니와, 이보다 더 모진 비바람과 땡볕, 고독한 눈보라의 시간 또한 에누리 없이 감내해야 한다. 그럼에도 이제 미래의 희망은 일찍이 우리가 떠나온 시골, 그 자연 속에 숨 쉬고 있다는 건 분명해 보인다.

이 책은 바로 이런 전원생활에 대한 생생한 체험기록이면서 관찰 보고서이다. 2012년부터 3년여 동안 〈공주문화〉와 〈아름다운 인연〉에 연재한 '함박골 통신'을 주축으로 새 원고를 또 추가해 곰비임비* 엮었는데, 지난 10여 년의 귀촌생활 중 온몸으로 보고 느끼고 겪은 일들을 솔직담백하게 쓴 일기장이며, 가슴 시린 명상록이기도 하다. 나는 왜 이 깊은 산골로 들어와 낯선 둥지를 틀었으며, 그 험난한 인생 이모작의 여정을 어떻게 설계하고 이겨 냈으며, 어떠한 삶이 과연 옳고 바람직한가에 대한 반성과 성찰 또한 숨김없이 털어 놓았다. 그리하여 이제야 겨우 어중치기로 말한다.

— 10년이 지나니 비로소 농사꾼의 손과 그 가슴속을 알겠네!

• 곰비임비: 물건이 거듭 쌓이거나 일이 계속 일어남을 나타내는 말.

다른 이들의 세상살이도 이와 마찬가지. 우리 인생은 모름지기 오랜 세월을 한 우물, 한 외길로 곰파고* 들어가 칼처럼 벼리지 않으면 결코 제대로 이루어지지 않는다. 농사든 글이든, 뭐든지 하늘의 섭리에 거역하지 않고 자연 순리대로 따르면 틀림이 없다. 그것이 곧 어리석은 내가 십여 년 산골에서 옹골차게 배우고 터득한 삶의 교훈이다.

홀로 깨어 있는 깊은 밤의 산소리에 귀 기울이며 진솔한 고백이듯 쓰고 정리한 이 글들이, 혹 인생이 스산하다거나 앞으로 보람찬 귀농, 귀촌을 꿈꾸는 이들에게 두루 친절하고 따뜻한 길동무가 되었으면 싶다.

책을 펴내는 데 과분한 인터뷰 기사까지 선뜻 내주신 풀꽃시인 나태주 님과, 유난히 숲과 수목원에 관심 많으신 나남의 조상호 형, 그리고 편집 담당자들께 깊이 감사드린다.

2016년 초여름
공주 산성리에서, 김상렬

• 곰파다 : 사물이나 일의 속내를 알려고 자세히 찾아보고 따지다.

햇살 한 줌

차례

봄

햇살 한 줌

깊은 산속에서 살다보면 가장 살갑게 다가오는 고마움의 대상은 단연 햇살이다. 바람 부는 창살로 비쳐드는 한 줌의 볕뉘°가 그렇게 정겹고, 사랑옵고,° 반가울 수가 없다. 사방이 높고 낮은 산으로 푹 에워싸인 골짜기 한 자락에 자리한 삼간 누옥에 있어서랴. 내가 사는 여기 함박골 햇살은 그만큼 소중하고도 곰살궂다.

집은 비록 두 갈래로 차고 시린 개울물이 차르차르 흐르다가 하나로 만나는, 과연 명당이다 싶은 삼각주 한가운데의 언덕바지에 동남향으로 턱 버티고 앉았으되, 그 정면을 애꿎은 비슬산이 또 험상궂게 절벽처럼 가로막고 있으니 이 무슨 동티나는 조화 속인가.

"저 산만 없었다면 정말 기막히게 전망 좋은 무릉도원이겠구먼! 어떻게 싹 밀어 없앨 수는 없을까?"

° 볕뉘: 작은 틈을 통하여 잠시 비치는 햇볕.
° 사랑옵다: 마음에 꼭 들도록 귀엽다.

이곳으로 인연 따라 들어와 처음 터를 잡았을 때, 먼 곳에서 찾아온 친구는 몇 번이나 끌끌끌 혀를 차며 아쉬워했지만,

"무릉도원이 전망 좋으면 안 되지. 그리고 저 산이 가로막고 있지 않았다면, 이런 기막힌 산천풍광이 지금껏 이대로 남아날 수나 있었겠어?"

벌써 돈 많은 도시인들에게 보기 좋게 잠식되어, 이리 찢기고 저리 괴발개발 깔아뭉개졌을 거라는 말로 나는 변명 삼아 자위했다.

사실이 그렇긴 해도, 이 앞산은 여전히 변함없는 위용으로 멀리 확 트여야 할 시야를 강밭게° 차단하고 있으며, 뭇 생명이 환호작약하는 햇살을 아주 뒤늦게야 되쏘아 준다. 동살°이 일찍 터지는 산 너머 아랫마을에선 이미 점심때가 가까워진 무렵에나 그 우악스레 가파른 산등성이로 붉은 햇덩이가 마지못한 듯 떠오르는 것이다. 그리고는 오후 네댓 시 무렵이면 또 벌써 검기울어° 야속한 서산으로 꼴깍 숨넘어가고 만다.

· 강밭다 : 몹시 야박하고 인색하다.
· 동살 : 새벽에 동이 틀 때 비치는 햇살.
· 검기울다 : 검은 구름이 퍼져서 해가 가려지고 날이 차차 어두워지다.

햇살이 이리 귀하고 덧없다 보니, 한겨울이면 오지게 쌓인 눈이 좀처럼 녹을 기미를 보이지 않는다. 해발 400여 미터의 서울 남산 높이만 한 고지대의 깊은 산속은 그대로 고립무원의 배소(配所)로 돌변하기 십상이다. 비슬산 너머 굴다리 아래쪽으로는 동네나 길 위의 눈이 말짱하게 녹아 있을지라도, 산 그림자가 짙게 드리운 개울 옆 마을 진입로는 아직도 꽁꽁 얼어붙은 빙판인 것을. 그래서 자연히 한 줌의 따뜻한 햇살이 사무치게 그리워질 수밖에 없다.

솔직히 온 누리를 밝게 비추는 햇살의 고마움을 어디에 비길 수 있으랴. 어느 누구의 은혜가 이를 뛰어넘을까.

온갖 풀과 나무와 채소와 곡식의 꼭 다문 움을 틔우고, 꽃을 피우고, 열매 맺게 하는 그 오묘한 광합성의 섭리라니! 온갖 새와 곤충, 물고기, 올챙이, 들짐승이나 아주 하찮은 미물에 이르기까지, 햇살은 골고루 손을 뻗어 다소곳이 잡아 일으키고, 푸른 옷을 갈아입히고, 넘쳐나는 새 생명의 숨을 줄기차게 불어넣는다. 햇살은 또 우리의 피를 맑게 하고, 뼈를 튼튼히 만들며, 암을 예방하고 면역력을 키워 준다. 우울증을 없애 기분이 좋아질 뿐 아니라, 숙면을 촉진하기도 한다. 뭇 해바라기들의 목마름이 지나칠 때는 또 어디선지 적당한 바람과 비를 데려와서 그 타는 갈증을 속 시원히 씻어 주고 적셔 주니, 어찌 진정 은혜롭다 노래하지 않겠는가.

하지만 이와는 정반대의 응달도 이 지상에는 많고 많으니 세상 이치 참 묘하다고나 할까. 빛이 들지 않아서 늘 곰팡이 피고 병균이 득실거리는 지하 셋방을 떠올린다면 금방 알 수 있을 터이다. 아무리 성실하게 일하고 애써 노력해도 좀체 지긋지긋한 가난의 굴레를 벗어나지 못하는 서민들의 질기고도 질긴 그 거미줄 업보 말이다.

그래서 사람들은 하나같이 양명(陽明)한 햇살을 좇아 집을 짓고, 마을을 이루고, 활기찬 생업을 이어 나가기를 꿈꾼다. 그것이 곧 사람살이의 본질이며 참모습이다.

어찌 산 사람들만의 문제이겠는가. 죽은 이들은 더 억척스레 햇살 밝은 명당에 묻히는 걸 인생의 마지막 복락이라 여긴다. 죽으면 다 흙으로 돌아가고 바람으로 날아가 버리는, 부질없는 무기질의 일장춘몽인데도 말이다.

가지치기

오는 봄을 시샘하는 추위가 꽤나 맵차고* 냉갈령*스럽다. 벗어
던진 외투와 목도리를 황망히 다시 꺼내어 입어야 할 만큼, 옷
깃 사이로 파고드는 한기가 절로 이를 사리물게* 할 지경이다.
거기에 돌개바람까지 마구잡이로 불어 젖히니, '이제 봄이다'
하고 서둘러 환호했던 살갖의 체감온도는 더욱 소스라쳐 움츠
려 들 수밖에.

이런 현상을 바로 회광반조(回光返照)라 부르는 게 아닐까?
죽어 가는 사람이 마지막으로 반짝 눈을 빛내며 제정신으로 돌
아오는 한순간 말이다. 그렇게나 그악스레 혹독했던 지난겨울
역시 봄으로의 화사하고도 장렬한 죽음의 끈을 그리 쉽게는 놓
지 않으려는 것만 같다.

여기에 덧붙여 숨을 못 쉴 만큼 희뿌연 황사가 온 산천을 뒤

- 맵차다 : 맵고 차다.
- 냉갈령 : 인정머리 없고 매정스러운 태도.
- 사리물다 : 힘주어 이를 꼭 물다.

덮거나 때아닌 눈보라, 산성비라도 휘몰아칠라치면, 촉촉한 봄날의 물기를 머금으려던 대지는 된통 뼈아픈 몸부림에 빠져들지 않을 수가 없다.

그렇다. 그건 진정 달치는[*] 변성기 청소년의 성장통 같은 호된 몸부림이다. 늦겨울에서 초봄으로 뒤바뀌는 환절기가 되면, 변덕스런 날씨의 몸부림에 따라 땅도 사람도 어김없이 몸부림을 치고, 지상이거나 바닷속, 또는 땅 아래 동식물을 포함한 만물이 덩달아 몸부림을 친다. 그리하여 봄은, 그 봄에 피어나는 꽃들은 이와 같은 엄청난 혼돈과 고통의 축제 뒤에 비로소 활짝 찾아든다.

그야 어쨌든, 해마다 이맘때쯤이면 내가 치르는 작은 연례행사가 있다. 뜨락의 정원수나 이런저런 과수들 가지치기가 그것이다. 이 전지작업은 대개 나무들이 잎을 다 떨어뜨린 다음 휴면기로 접어드는 11월 말쯤 시행하기 마련이지만, 나는 일부러 그 시기를 피해서 조심스레 전정가위를 든다. 추운 한겨울을 앞두고 가지치기하면 그 나무의 상처가 왠지 모진 한파에 멍들

• 달치다 : 지나치도록 뜨겁게 달다.

거나 그만 얼어붙고 말 것 같은 공연한 기우 때문이다.

이제는 그 나무들이 웬만한 사다리를 타고 올라야 할 만큼 줄기가 굵고 키 큰 것들이 대부분이어서, 자그마한 전정가위 갖고는 어림도 없다. 거의 예리한 톱날을 들이대지 않으면 안 된다.

바람이 조금 잦아진 오후로 접어들기 바쁘게, 나는 서둘러 헌 작업복으로 갈아입고 매실밭부터 시작했다. 볼품없게 휘늘어진 한 가지를 잡고서 톱질하니 벌써 싱그러운 나무 냄새와 물기가 올라와 있다. 지난겨울의 그 혹독한 추위 속에서도 나무들은 아주 열심히 푸른 생명활동을 바잡아* 지속했다는 산 증거이겠다. 어느 가지는 이미 여린 꽃망울의 새치름한 눈까지 달고 있어서, 가지를 싹둑 자를 때마다 또 괜스레 안쓰럽고, 아깝고, 미안스런 마음이 앞선다. 하지만 가지치기할 때는 이런 치기 어린 감상들을 싹 비워 없애야 한다. 그래야 나무들이 한결 건강해지고, 아름다워지고, 튼실한 꽃과 열매를 담보하기 때문이다.

내가 이 일을 할 때는 나름대로의 몇 가지 원칙이 있다.

---

* 바잡다 : 마음이 자꾸 끌리어 참기 어렵다.

그 첫 번째는 나무의 전체 수형(樹型)을 폭넓게 잘 관찰하라는 것이다. 절제된 균형과 조화미는 제대로 이루어져 있는가, 누가 어느 각도에서 바라보더라도 참 자연스러운가를 보아야 한다.

다음엔 쓸데없는 무게감을 줄이라는 것이다. 나무의 본줄기가 감당할 수 없을 정도로 우듬지*들이 이리저리 뒤얽히거나 저희끼리만 무럭무럭 제멋대로 번성하면, 그 부푼 몸집을 과감히 줄이고 잘라내 주어야 한다.

그리고 마지막으로 힘주어 신경 써야 할 대목은 이웃들을 몹시 괴롭히거나 역방향으로 뒤틀려 뻗은 비각*의 줄기를 골라내, 그 또한 사정없이 잘라 없애는 일이다. 그래야 그 안에 안온한 평화가 깃들고, 벌과 나비와 새들의 노랫소리가 찾아든다.

이와 같은 마뜩한 원칙이 어찌 나무들 가지치기에만 해당될 것인가. 사람에게도 딱 들어맞는 이치이거니와, 너무 살진 자신의 몸집을 줄이고 잘라 내는 건 물론, 자식을 기르고 교육하는 데에서도 에누리 없이 적용해야 할 덕목이지 않을까 싶다.

• 우듬지 : 나무의 꼭대기 줄기.
• 비각 : 물과 불처럼 서로 상극이 되어 용납되지 아니하는 일.

진정으로 사랑하고 아끼는 알천° 같은 자식이라면, 그 애가 성인으로 성숙해 자립할 때까지는 이 적절한 가지치기를 쉼 없이 되풀이하지 않으면 안 되기 때문이다. 때가 되면 어김없이 긴 머리칼을 가위로 싹둑 잘라 주듯이, 자꾸만 옆길로 빠지려는 그 애의 생각이나 비행(非行)을 바로잡아 밭게 잘라 주지 않으면 안된다.

죽을 때 진정한 벗 셋만 있어도 그 사람의 인생은 성공했다고 하거니와, 무더기로 벗이 많다는 건 진실한 벗이 하나도 없다는 말과 똑같다. 그러므로 너무 무거운 재산이나 욕심, 지나치게 많은 동업자끼리의 야합이나 이성과의 삿된 행복은 현명하고 과감한 가지치기가 빠를수록 더없이 좋다.

해가 지니 맵찬 꽃샘바람이 다시금 기승을 부린다.

나는 어둠이 밀려드는 유리창을 통해 그 닫치는 바람을 본다. 창은 본디 바람과 동의어라는데, 오늘 밤에 부는 바람은 분명 꽃 피고 새 지저귀는 따뜻한 봄날을 우리 집 창가로 서둘러 데려올 터이다.

° 알천 : 재산 가운데 가장 값나가는 물건. 또는 음식 가운데서 제일 맛있는 음식.

복수초와

그 일행

"아니, 이게 뭐야? 이 눈 속에 꽃이라니!"

잔설(殘雪)이 채 녹지 않은 축대 아래 빈 터에, 소담하고 앙
증스레 꽃망울을 터뜨린 복수초를 보고 아내가 깜짝 놀란다.
아주 야들야들 여린 가지 끝에 진노랑 꽃송이를 깨끔하게 달고
있는 모습이 여간 놀랍지 않은 모양이다. 그네의 입에 발린 감
탄사는 차라리 소스라치는 외침에 가까웠다.

"이게 바로 복수초라네. 화사한 봄소식을 세상에 가장 먼저
알리는 꽃!"

유난히 꽃을 좋아하는 편이면서 여태껏 이 봄꽃을 몰랐느냐
는 핀잔도, 친절한 내 말 속에는 적당히 포함되어 있었다. 아,
그래요? 하는 아내의 표정에는, 여전히 서그러운° 놀라움과 반
가움으로 앙센° 야생초 생명력을 찬탄하기에 바쁘다.

• 서그럽다 : 마음이 너그럽고 서글서글하다.
• 앙세다 : 몸은 약하여 보여도 힘이 세고 다부지다.

"정말 예쁘다. 색깔도 내가 아끼는 진노랑에, 저 여린 힘으로 얼어붙은 눈 속을 뚫고 나오다니!"

"그래서 나도 처음엔 참 쓸쓸하고 애잔하더라구."

"애잔? 왜?"

"얼마나 복수심이 처절했으면 차가운 눈 속에서 저런 꽃을 피워 올리겠느냐 싶어서. 그땐 문자 그대로 원수를 갚는 그 원한 맺힌 복수(復讐)로만 알았다니까! 한데 좀더 캐봤더니 싱겁게도 복 복(福) 자에 목숨 수(壽)야."

"이름이 뭐 별 건가? 꽃이 담고 있는 본질이 중요하지."

그래서 아내는 결코 애잔하지도 않고 싱겁지도 않은 꽃이라는 거였다. 꽃을 피우고 있는 저 자체가 춥고 서럽게 살아온 한 겨울의 모진 삶을 보기 좋게 '복수'하고 있다는 거였다.

그리고 이렇게 덧붙였다.

"노란색이 얼마나 힘센 색깔인 줄 알아요? 봄이 오면 제일 먼저 온 들과 산천을 뒤덮잖아! 가장 여리면서도 드센 색깔, 그게 노랑이라구요."

그러고 보니 사실이 그랬다.

산천의 잔설이 채 녹기도 전에 언 땅을 솟구치고 나오는 이 복수초는 말할 것도 없거니와, 모든 나무가 잎을 떨어뜨린 맨 벌거숭이인 채 죽은 듯 적막한 겨울 숲에서 가장 먼저 얼굴을 내미는 꽃나무는, 야들야들 여리면서도 샛노란 산수유와 생강나무(강원도와 충청도 일부에선 동백이라 부르는)이다. 이 무렵이면 따뜻한 남도에는 온통 유채꽃으로 황금 들판을 이루고, 연이어 어디에나 노오란 개나리가 흐드러지게 피기 시작한다.

이 노란색의 향연이 곰비임비 이어지다가 슬며시 기울면 곧 매화나 벚꽃, 목련, 조팝나무 따위의 흰 색깔 계통이 판을 치게 마련. 세상은 온통 슬프면서도 아름답고, 아름다우면서 슬픈 흰 색의 화사함으로 가득 차오르는 것이다.

특히나 이 중에서도 맨 먼저 피는 청매의 그윽하고도 싱그러운 향기나 기품은 그 어느 꽃과도 감히 견줄 수가 없다. 지난 인동(忍冬)의 온갖 설움과 목마른 기다림이 한꺼번에 씻기고 채워지는 꽃이 바로 매화이다.

그런 다음에 오는 꽃들은 진달래나 박태기, 개살구, 아그배나무 등의 연붉은색 계통이다. 이때부터의 산이나 들, 정원은 만화방창(萬化方暢)으로 시끄럽기 마련인데, 시린 진보라의 꽃들이 거의 마지막을 장식하는 초여름으로 접어들면, 온 숲과 들녘은 바야흐로 매서운 뙤약볕 아래 진한 갈맷빛*으로 물든다.

이것이 곧 피고 지는 것들의 놀라운 순환법칙이며, 자연의 섭리, 계절 따라 보여 주는 꽃들의 잔치가 아니고 무엇이겠는가.

그런데 개중에는 그렇지 않은 꽃들도 있다. 달빛 으슥한 깊은 한밤중 담 너머에서 조용히 하늘거리며 아래를 내려다보는 허연 목련꽃송이들이나, 혼자 좁은 산길을 오르다가 문득 마주치는, 무더기로 피어 있는 동백꽃 무리는 섬뜩한 무섬증을 절로 불러일으키기도 하는 것이다.

그중에서도 나는 노란색 꽃들이 던져 주는 의미에 새삼 주목 (노랑은 흔히 따뜻하고 부드러운 평화의 상징일진대) 하거니와, 눈 속에 피는 복수초를 만나고서는 왠지 노랑과 복수가 한통속으로 가시세게 다가오더라는 이야기이다. 그것도 아주 조용한 침묵귀신처럼!

---

* 갈맷빛 : 짙은 초록빛.

매화가 피었다.

꽁꽁 얼어붙었던 지난겨울의 모진 한파를 뚫고, 햇살보다도 더 투명한 청매(靑梅) 꽃숭어리°가 그 희푸른 빛을 은은히 뿜어내며 한껏 뽐내고 있다. 거기에 가까이 조금만 다가가도 맵차게 코를 찌르는 향기가 사방을 진동시킨다.

흔히 매화 향기는 눈이나 귀로 맡는다고 하더니, 고상한 그 아취를 유난히도 더디 오는 이 봄에 더욱 진하게 실감하겠다.

그 짙은 향기가 이토록 맑고 청아한 기품을 드러내는 것은 눈보라의 혹독한 추위를 홀로 언 땅에서 꿋꿋이 견디어 냈기 때문임은 두말할 나위가 없다. 그래서 수많은 선비와 시인묵객들이 다투어 그 지조와 절개를 칭송하고, 서로가 주거니 받거니 매화꽃 아래로 그리 열심히 벗들을 불러들였던 것이리라.

그런데 눈 속에서 보석처럼 꽃망울 터뜨리는 매화는 과연 봄

° 꽃숭어리: 많은 꽃송이가 달려 있는 덩어리.

나무인가, 겨울나무인가?

내가 사는 여기 함박골의 경우, 아직 춘설이 분분히 흩날리는 3월 중순께에 개화하기 시작하니 봄과 겨울의 어중간한 환절기에 걸려 있는 게 분명하긴 하나, 나는 단연코 북풍한설의 겨울나무로 부르는 걸 주저하지 않는다. 탐스러운 꽃망울은 그때 이미 강인한 줄기마다에서 경이로운 씨눈을 틔우기 때문이다.

하지만 모진 혹한을 견디어 낸 나무가 어디 매화뿐이랴. 엄밀히 셈들어* 따지고 보면, 지상의 모든 나무가 다 죽음 같은 그 험난한 시련을 꿋꿋이 이겨 낸 겨울나무들이다.

포근한 따지기*의 햇살을 받고 하나둘 푸른 싹을 피워 올리는 그들의 질긴 생명력을 보면 절로 입이 벌어지지 않을 수가 없는데, 겨우내 헐벗은 채 앙상하던 줄기와 나뭇가지에 무수한 새잎이 다시금 돋아나서, 다른 뭇 식물들과 함께 온 산천을 갖가지 색깔의 만화방창으로 뒤덮을라치면, 나는 차라리 경이롭다 못해 온몸에 오소소 소름이 돋을 지경이다.

나는 거기에서 모든 생명 있는 것들의 제왕은 다른 어떤 것도

• 셈들다 : 사물을 분별하는 판단력이 생기다.
• 따지기 : 얼었던 흙이 풀리려고 하는 초봄 무렵.

아닌 이 식물들임을 한 치 의심 없이 몸 전체로 깨닫고 받아들인다. 우리 인간을 포함한 어떤 육식이나 잡식성 동물도 이 식물의 원활한 섭취 없이는 생존이 거의 불가능하기 때문이다. 따라서 나무를 포함한 지상의 모든 식물은 생명의 본질 그 자체이며, 인간과 함께 살아가는 지구별의 존재 이유이기도 하다.

나는 특히 우리 주변에 널린 온갖 나무들에서 너무나 많은 것을 보고 배우고 느끼며 얻는다.

그 첫 번째는 완벽한 삶의 균형미이다.

땅속에 깊이 뿌리를 박고 선 나무는 그 뿌리에서 길어 올린 물과 흙의 영양소를 줄기의 물관을 통해 나무 꼭대기로 상승시키고, 가지에 달린 무수한 잎사귀들은 또 광합성으로 만들어 낸 에너지를 쉼 없이 뿌리 방향으로 하강시킨다. 위로 올라가는 물, 흙의 에너지와 아래로 내려오는 빛과 공기의 힘이 한데 어우러져, 나무의 생명은 끊임없이 그 선순환을 되풀이하는 것이다.

그리하여 완성된 한 그루 나무의 부채꼴 모양의 의연한 자태는 진정 아름다운 조화와 균형 감각이 무엇인지를 한눈에 죄다 보여 준다. 너희 인간들도 부디 어느 한군데로 치우침 없이, 이렇게 반듯한 균형감 있게 우뚝 서라는 듯이.

두 번째는 아낌없는 희생정신이다.

자연이 우리에게 보내 준 가장 큰 선물인 나무는 무엇이든 그저 주고 또 내줄 따름이다. 봄이면 꽃을 피워 눈과 코와 귀를 즐겁게 하고, 여름이면 꽃 진 자리에 무수한 열매를 맺어 별의별 감칠맛으로 가을 내내 입과 배를 달뜨게* 채워 주고, 겨울이면 또 인간 집의 재목으로, 또는 선박이나 장롱, 책, 걸상 따위의 가구로 기꺼이 자신의 몸을 내던진다. 때로는 숯이나 땔감으로 타는 불 속에 거침없이 뛰어들기도 하고, 때로는 버섯의 배양목이나 톱밥으로, 소나 돼지 발굽에 짓밟혀 썩어 문드러진 퇴비가 되었다가, 태초의 본디 자리인 흙으로 다시 돌아간다.

세 번째는 종교적 비의(秘儀)로서의 신비감이다.

이를테면 마을의 수호신인 당산나무가 그것이다. 동네 어귀나 가까운 뒷산에 어김없이 서있게 마련인 이 우람한 거목은, 대개 몇백 년은 넉넉히 묵은 느티나무이거나 노송, 혹은 은행나무이기 십상인데, 사람들은 몹시 무더울 때 겨우 짙은 그늘이나 드리우고 세찬 비바람을 잠시 막아 줄 뿐인 이 늙은 나무

---

* 달뜨다: 마음이 가라앉지 아니하고 조금 흥분되다. 또는 열기가 올라서 진정하지 못하다.

앞에만 서면, 누구나 없이 모자를 벗어 엄숙히 경배하고, 두 손 모아 비손*하기에 바쁘다. 늙고 오래될수록 더 신비롭고 아름다운 존재는 오롯이 나무뿐이다.

언젠가 캄보디아 앙코르와트에 있는 풍우에 씻긴 건물과 탑 주변을 실로 엄청난 두께의 나무뿌리가 온통 용처럼 칭칭 휘감고 있는 걸 보면서, 자연의 위력을 새삼 실감했다.

세상에서 가장 큰 나무는 미국의 네바다 산맥에 있는 침엽수 세쿼이아라고 하는데, 그 키가 자그마치 100미터 내외, 밑둥치 둘레는 20~30미터에 이르고, 나이는 무려 3천 년이란다.

하지만 세계에서 가장 오래된 바오밥(천년나무)의 나이는 그보다 갑절이나 더 많은 6천 년이나 된다고 하니, 그 영험함과 신령스러움을 더 입에 담아 무엇 하리.

그러므로 나무는 우리의 병든 육체뿐만 아니라, 영혼까지도 귀의처로 인도해 주는 아낌없는 치유의 능력도 함께 지녔다. 그 신통함이 오죽했으면, 위대한 성자 싯다르타마저도 왜 하필 고난의 보리수 밑에서 큰 깨달음을 얻었겠는가.

---

* 비손 : 두 손을 비비면서 신에게 병이 낫거나 소원을 이루게 해달라고 비는 일.

물소리,

또

물소리

절기가 우수(雨水)로 접어들자, 사방에서 속삭이듯 얼음 풀리는 소리가 들린다.

두꺼운 외투를 벗기는 건 다름 아닌 한 줌의 햇살이라더니, 딴은 그 말이 안다미로* 들어맞는 것 같다. 그렇게나 악착같이, 웬만해선 좀체 풀릴 듯싶지 않을 만큼 견고하게 가리틀어* 얼어붙었던 땅이나 한파도, 어김없이 찾아드는 이 계절의 위대한 순리 앞에선 도무지 어떻게 도섭부려* 버틸 도리가 없나 보다.

그리하여 나는 이쯤에서 젊은 한때 그리도 애면글면* 동경하던 저 야생 숲속생활의 전설인 소로의 《월든》 속 한 구절을 아득한 그리움으로 떠올리지 않을 수 없다. 봄이 오는 길목, 호수

• 안다미로 : 담은 것이 그릇에 넘치도록 많이.
• 가리틀다 : 잘되어 가는 일을 안 되도록 방해하다.
• 도섭부리다 : 주책없이 능청맞고 수선스럽게 변덕을 부리다.
• 애면글면 : 몹시 힘에 겨운 일을 이루려고 갖은 애를 쓰는 모양.

의 얼음 깨지는 소리를 전율처럼 묘사한 대목이다.

호수가 저녁마다 천둥소리를 내는 것은 아니다. 또 언제 그 소리를 낼지 예측할 수도 없다. 그러나 날씨에 특별한 변화가 없는데도 호수는 돌연 천둥소리를 낸다. 그처럼 덩치가 크고 차가우며 두꺼운 피부를 가진 호수가, 이토록이나 민감하리라고 누가 상상이나 했겠는가. 그러나 봄이 오면 반드시 새싹이 움트듯이, 호수는 그 자신의 어떤 법칙에 순응하여, 천둥소리를 내야 할 땐 반드시 그렇게 하는 것이다.

그렇다. 봄은 그렇게 봇물 터지듯 두꺼운 얼음장을 깨트리며, 겨우내 강추위와 외로움에 찌든 우리 곁으로 더없이 따뜻한 햇볕의 고마움을 선사한다.

그리고 거기에서 풀려난 계곡물은 이 가없는 볕뉘와 합세해서 온갖 생명의 원천으로 쉴 새 없이 골을 따라 흘러간다. 어디에서 그리 화수분으로 샘솟아 나오는지, 저 깊은 산속에서 흘러내려 온 물은 모든 흙과 나무와 풀뿌리를 흠뻑 적시고, 애타게 목말랐던 뭇 생명의 갈증을 너끈히 채워 주기에 여념이 없다. 햇볕의 농도가 세어지고 기온이 높아질수록, 얼음 풀린 계곡의 물소리 또한 더욱 설레게 넘치며 찰랑거린다.

그런데 저리 쉼 없이 흐르는 물소리를 듣거나 그 물살을 깊이 들여다보고 있으면 왜 마음이 더없이 편안해지는 것일까. 아니, 맑게 고여 있는 샘이나 웅덩이, 가벼이 호수나 강물, 드넓은 바다를 바라보아도 왜 막혔던 가슴이 한순간에 뻥 뚫리거나 벅차오르고, 혹은 머리까지 맑아지는 것일까? 그 이유는 매우 단순명료하다. '있는 그대로의 무위자연'이기 때문.

인체나 지구의 70퍼센트 이상이 물로 채워져 있다는 데서 비롯된 동질감도 크게 작용하리라 싶다. 물이 없으면, 또는 물을 마시지 않으면 우리는 아깝고 고귀한 목숨을 당장 잃어버리고 만다. 그러므로 물이 곧 생명이며, 우리 삶의 본질 그 자체가 아닐 수 없다.

이 낯선 함박골로 맨 처음 인연 따라 찾아들었을 때, 나는 어떤 불가해한 유혹의 그물망에 금방 사로잡히고 말았다. 양쪽 좁다란 계곡으로 물이 흐르고 있어서였다. 좌청룡우백호의 집터를 감싸고 도는 이 두 줄기 물이 없었다면, 나는 결코 이곳에 둥지를 틀지 않았을 터인즉, Y자를 거꾸로 벌여 놓은 모양으로 흘러내리는 두 계곡이 하나로 만나는, 그 삼각주 한가운데의 풍수(風水)라니! 거기에 덧붙여 아기자기한 성채처럼 에워 쌓인 다랑논의 석축이며, 늙은 감나무와 호두나무들, 잘생긴 남성의 귀두부나 어여쁜 함박꽃 봉오리 같은 맞은편 안산 격의 나지막한 함박산 또한 그렇게 정겨울 수가 없었다.

그 얕은 산마루를 살짝 비껴 돌아들면 또 여남은 채의 산골 민가들이 옹기종기 된비알*에 모여 있어서, 이쪽의 심산유곡 같은 분위기와 묘한 조화를 이루었다. 아주 독립된 산속인 듯 외따로 떨어져 있으되 또한 그들과 한데 어울려 지내는, 부락 공동체 의식도 적당히 공유할 수 있는 환경조건 역시 썩 괜찮았다.

그러구러 벌써 강산이 한 번쯤 변한 세월(사실은 사람만 변할 뿐이지만), 계곡을 찰랑대며 흐르는 물은 지금도 여전히 한순간도 멈추지 않고 흐른다. 나는 그 물길에서 '가장 좋은 것은 물과 같다'는 상선약수(上善若水)의 의미를 새삼 되새기곤 하는데, 그 높고 깊은 물의 덕을 어찌 다 표현할 수 있으랴.

낮은 데로, 낮은 데로만 가없이 비우며 흘러가는 물. 모든 오

---

* 된비알 : 몹시 험한 비탈. 늑된비탈.

욕이나 더러움도 모조리 씻겨 내면서, 세상의 뭇 만물에게 그침 없이 푸른 생명의 입김을 불어넣는 물. 그러면서도 물은 그 대상을 소유하지 않으며, 거기에 기대지도 않는다. 높은 데는 깎아 내고 낮은 곳은 메우며, 안 가는 곳 없이 다 채우고 가면서도 만물과 다투지 않는다. 쓸데없는 불길은 조용히 꺼주면서, 굽은 데, 막힌 데를 아랑곳없이, 오로지 아래로 아래로만 고개 숙여 흐르다가, 마침내는 저 거대한 바다에 조용히 다다른다!

하지만 더없이 착하고 아름다운 물의 순정이 언제나 한결같지만은 않다. 오염된 인간들이 내뿜는 냄새가 너무 고약하다 싶을 때는 세상에서 가장 무서운 존재로, 진정 엄청난 힘과 무게로 천지를 확 뒤엎어 버리는 것 또한 이 물이다.

쑥 이야기

봄이 오면 가장 먼저 얼굴을 내미는 야생초는 단연 쑥이다. 그
만큼 생명줄이 질긴 식물이라고도 하겠다. 북풍 몰아치는 저
매서운 한겨울을 온몸으로 고스란히 이겨 내고 보란 듯 다시 나
왔으니, 그 향기며 약성(藥性) 또한 얼마나 진할 것인가.

그래서 나는 매년 봄철이면 즐겨 빠뜨리지 않고 쑥을 뜯는
다. 우선 쑥국을 끓여 먹기 위해서이다. 어디 쑥국뿐인가. 이
걸 정성들여 뜯어 말리고 여러 방법으로 잘 갈무리해 두면, 쑥
떡이나 쑥차, 뜸, 탕, 찜질, 효소, 각종 요리 따위로도 두루두
루 써먹을 수가 있으니, 초봄이 주는 선물로는 아마 쑥이 으뜸
이지 않을까 싶다.

새삼 향기로운 쑥국이 먹고 싶어 그 여린 쑥잎을 뜯고 있는데,

"쑥 캐슈?"

인기척이 있어 돌아보니 노인회장님이다.

"아, 예. 쑥국 좀 끓여 먹으려구요."

"그거 보약이쥬. 해쑥 냄새 맡으면 잠자던 곰도 벌떡 일어난

다잖어유!"

웃는 모습이 유난히도 천진하고 곰살궂은 당신은 여전히 그 장난스런 웃음기를 입가에 머금은 채 약간은 안됐다 싶은 표정으로 그윽이 나를 건너다본다. 나이 든 사내가 엉거주춤 오금을 접고 앉아 어리보기*로 쑥 뜯는 게 영 안돼 보이는가 보았다.

송충이같이 진한 눈썹과 굵은 주름살이 패인 노안(老顔)임에도, 조쌀한* 그이는 이 때 묻지 않은 웃음으로 해서 나를 포함한 동네 사람들을 두루 편안케 해주고도 남는 데가 있다. 그이의 마르지 않은 쑥 예찬은 다시 이어진다.

"쑥이 왜 쑥인 줄 아슈? 너무도 쑥, 쑥, 잘 자라기 때문이쥬. 향기가 엄청 진한 것만큼이나 목숨 줄도 엄청 질긴 놈이우!"

"그래도 요즘은 많이 없어진 것 같아요. 농약들을 하도 쳐대는 바람에 … ."

"쑥은 그따위 농약에도 끄떡 없슈. 죽이믄 또 나오고, 죽이믄 또 나오고 … 아주 무서운 놈이우, 그놈이. 그러구설랑, 향기는 또 얼마나 독한데유. 서양에서 들어온 허브라나 뭐라나,

---

· 어리보기 : 얼뜨고 둔한 사람.
· 조쌀하다 : 늙었어도 얼굴이 깨끗하고 맵시 있다.

까불지 말라 그류. 그 어떤 허브 놈이 우리 쑥을 당할 것이우?
떡 해 먹고, 국 끓여 먹고, 차로 마시고, 사우나하고 … 심지어
는 굿할 때 귀신 쫓는 영물로도 쓰이고! 오죽하믄사 저 엄숙한
단군신화에까정 쑥 이야기가 나오겠슈? 안 그류?"

"암은요, 정말 좋고 귀한 먹거리지요. 그래서 저도 좀 쑥처
럼 살아 보려고 지금 쑥 뜯고 있잖습니까."

사실이 그랬다.

노인장과 헤어지고 들어와 이런저런 정보를 다시 들여다보
니, 쑥에 대한 찬사가 그치질 않는다. 우선 뇌파를 안정시켜 감
사나운* 정신을 해맑게 할 뿐만 아니라, 살균효과가 뛰어나 어
떤 항생제보다도 면역기능을 높이고, 몸 안의 냉기와 습기를 몰
아내면서 나쁜 점액 또한 몸 밖으로 나가도록 돕는다.

혈액순환을 보드랍게 촉진시키고 소화액을 왕성케 하며, 고
혈압과 동맥경화를 막고 나쁜 콜레스테롤 수치도 낮춘다. 손상
된 간 기능을 제자리로 회복시키며, 자연 생리기능을 강화, 모

• 감사납다 : 생김새나 성질이 억세고 사납다.

든 병의 근원을 치유하는 약리작용이 뛰어나다고도 해놓았는
데, 오죽하면 중국의 왕안석이 '100가지 질병 치료하는 데 쑥만
한 약이 없다'고까지 극찬했겠는가.

모름지기 쑥은 우리 몸과 정신에 딱 들어맞는 신토불이 약초
임에 틀림없어 보인다. 그 독특한 맛과 냄새를 우리 주변의 어
느 누구도 손을 내저어 싫어하지 않는다는 사실이 이를 잘 증명
한다.

슴슴하게 된장 풀어 쑥국을 끓인다. 다른 양념은 잡다하게
섞어 넣을 필요도 없다. 거기에 살짝 청양고추와 다진 마늘만
좀 넣으면, 더없이 시원하고 구수한, 단군신화 속 웅녀가 달게
들이켰음직한 그런 향기로운 쑥국이 되는 것이다.

민들레 사랑

아침운동 삼아 절골 오솔길을 오르는데, 웬 쪼그랑 아주머니가 길섶에 쪼그려 앉아 뭔가를 바지런히 캐내고 있었다. 가까이 다가가 들여다보자 아랫말 양 씨 댁이다. 민들레를 캔다는 것이었다. 얼마 전에 위암 수술까지 받아 얼른 못 알아볼 만큼 몸피가 부쩍 줄어든 그네는,

"이 민들레 뿌리를 달달 볶아 차로 마시믄 좋다기에 … ."

말끝을 흐리며 스스럽게 웃으신다. 안 그래도 수술 후의 경과가 어떻게 되어 가나 궁금하던 참이어서, 나는 반가이 수인사를 건네며 맞장구쳤다.

"암은요, 텔레비전에서도 건강 프로마다 민들레가 몸에 좋다고 걸핏하면 난리던데요. 저 역시 이 민들레 반찬이 참 맛나더라구요."

"너무 쓰지는 않구유?"

• 스스럽다 : 수줍고 부끄러운 느낌이 있다.

"입에 쓴 약이 몸에는 달다잖아요. 그러니까 아주머니도 뿌리만 차로 마시지 말고 잎사귀는 쌈으로, 무침이나 김치로도 많이 해 잡수세요."

애써 캔 민들레 뿌리만을 따로 챙기는 것 같아, 그 잎 또한 하나 버리지 말라 이르면서 나는 내처 가는 길을 재촉했다. 그러면서 다시 되돌아보는 나를 향해 살포시 미소 짓는 그네의 모습이 내닫는 발걸음마다 어른거렸다.

딴은 그러고 보니 요새 들어 유독 암환자가 부쩍 늘어난 것 같다. 암인 줄도 모르고 그냥저냥 죽어 나간 지난날의 무지와 헐벗은 가난 대신, 환자가 의사보다 더 똑똑해진 이즈음의 발 빠른 의학정보나 조기 건강검진 탓인지는 몰라도, 주위를 둘러보면 갖가지 크고 작은 암환자들이 자주 눈에 띈다.

이는 분명 잘못된 식생활과 질 나쁜 먹을거리에서 먼저 비롯되었음은 두말할 나위가 없겠다. 지나치게 기름지고 영양가 넘치는 음식들을 너무 무절제하게 폭식한 결과가 아니고 무엇이랴. 더러는 그와 정반대로 너무 못 먹고 못살아서 병에 걸린 경우 또한 없지 않겠으나, 요즘엔 산골 외딴집에서조차 냉장고에 차 있는 육류가 이를 잘 반증한다 하겠다.

이렇듯 암환자나 가시센 성인병이 늘어나다 보니, 산야초를 이용한 별의별 민간요법 또한 동티나게 판을 친다. 무슨 개똥쑥이니 구지뽕, 어성초니 해가면서, 당뇨에는 오히려 안 좋은 설탕 범벅의 발효액을 뽑아 마시거나 반찬으로, 또는 차나 술로 섭취하기에 바쁘다. 때로는 기적처럼 가외의 효험을 얻게 되는 경우 또한 없지 않으나, 오롯이 거기에만 의지하고 맹신하는 덴 어째 불안 불안해 보이기만 한다.

아무튼 나 역시 민들레를 꽤나 아끼고 즐겨 먹는 편에 속한다.

입에 쓰디쓴 씀바귀, 고들빼기와 함께, 잃어버린 입맛을 화들짝 깨어나게 하는 먹을거리로 이 민들레만 한 것도 딱히 없어서이다. 부드러운 잎은 쌈으로 싸 먹고, 약간 질기고 치렁한 잎은 뜨거운 물에 데쳐서 나물로 무쳐 먹거나 김치를 담고. 뿌리는 뿌리대로 잘 말려 볶아 두었다가, 행여 속이 더부룩할 때라든가 슬슬 배앓이 할 적 더운 차로 끓여 마시면 금방 시원해진다.

하지만 내가 이 민들레에 빠져드는 진짜 이유는 무엇보다도 그 질긴 생명력에 있다.

제아무리 함부로 밟아 대고 짓이겨도 다시금 불끈불끈 살아나는 잔디보다도 더 질기고 질긴 게 바로 민들레이다. 뭇 행인이 짓밟고 다니는 길바닥이거나 콘크리트 빈 틈서리도 상관없이, 민들레는 한번 뿌리를 박았다 하면 좀체 그 목숨을 섣불리 포기하지 않는다. 그 뿌리를 억지로 캐내려 할라치면, 마지막 남은 밑뿌리는 스스로 툭 끊어 버리는 게 요놈의 끈질긴 생존에의 속성이다.

어디 그뿐인가.

잎사귀를 하나둘 떼어 내면서 꽃대마저 툭 꺾을라치면, 민들레는 금세 꽃망울을 오므렸다가 곧바로 홀씨를 만들어 사방에 퍼뜨린다. 마지막 숨을 거두면서도 끝내 자신의 생식전파를 잃지 않으려는 진정 무서운 본능이 아닐 수 없는바, 이 꽃봉오리를 비닐봉지에 고이 싸서 냉장고에 깊이 넣어 놔도, 민들레는 그 춥고 어두운 극지(極地)에서조차 활짝 씨앗들을 피워 낸다. 그러니 어찌 이를 상찬해 아끼고 즐기지 않으리.

4월 22일, 유엔이 정한 지구의 날이란다.

1년 열두 달, 무슨 무슨 기념일 아닌 날이 거의 없지만, 그래도 우리가 몸담고 사는 지구별의 위기를 새삼 일깨우는 날이 있다는 건 그나마 다행스럽다. 아무래도 지구 돌아가는 꼴이 심상치 않다 싶었는데, 단지 우리만이 아닌 온 세계가 이와 같은 위기의 심각성을 속 깊이, 폭넓게 온몸으로 깨달은 것인가.

그래서 이날 하루 단 10분만이라도 집집마다의 모든 전등을 꺼, 칠흑의 밤을 만들어 보는 정부 주도의 절전행사나마 벌이는 게 아닌가 싶다. 그저 마지못해 시늉하는 당국의 일과성 보여 주기라 할지라도, 한순간에 사람들의 관심을 그쪽으로 확 끌어모을 수 있다는 사실만으로도 짜장 시의적절한 셈법인 것 같다.

사실 이 땅에서 사계절이 살그머니 사라진 지는 이미 오래이다. 봄과 가을은 소문 없이 왔다가 그냥 가뭇없이* 꽃, 낙엽과 함께 가버리고, 기나긴 여름과 겨울만이 온 천지를 뒤덮은 채

제 맘대로 인간을 쥐락펴락한다.

우리가 오래도록 누린 전형적인 온대지역의 삼한사온 현상 또한 온데간데없어져 버렸다. 한번 비가 내렸다 하면 장마철이 아닌데도 짙은 황사나 번개, 천둥소리를 데려 다니면서 주야장 천 내리퍼붓고, 또, 한번 가물었다 하면 찌는 듯한 일더위°에 저수지, 논밭이 쩍쩍 갈라지도록 매서운 땡볕을 쏟아붓기 예사 이다.

변덕스럽기 짝이 없는 요즈음의 널뛰기 날씨 동태만 봐도 충 분히 알 만하다. 500년 만에 주기적으로 찾아온다는 '소(小) 빙 하기'라는 말에 걸맞게, 꽃 피고 새 우짖는 봄이 한창인데도 펑 펑 눈이 내려 쌓인다거나 느닷없이 비가 쏟아지는 걸 보면, 봄 이되 봄이 아닌 것 또한 더욱 자명하다.

"아무튼 올 농사, 영 글러 부렀어!"

이웃마을 고 씨가 놀러 와서 투덜댄다. 때아닌 냉해로 꿀벌 들이 안 보인다는 것이다. 그러니 심혈을 기울인 토종꿀 생산 은 이미 물 건너갔고, 뒤늦게 핀 매화나 갖가지 과수들의 열매

• 가뭇없이 : 보이던 것이 전혀 보이지 않아 찾을 곳이 감감하게.
• 일더위 : 첫여름부터 일찍 오는 더위.

수확도 예년에 비해 훨씬 못 미치리라는 것.

벌, 나비들이 암꽃과 수꽃술을 오가며 벌이는 꽃가루 수정 (受精) 작업이 잘 이루어지지 않기 때문이란다. 그래서 수박이나 참외 따위의 많은 여름작물에도 그 을씨년스런 피해가 너끈히 예상되는 이상한 봄이다.

어디 그뿐인가.

강밭게 사나운 기후변화나 자연재해가 불러일으키는 재앙은 이미 온 세계가 직면한 발등의 불이다. 몇 년 전 일본열도를 온통 지옥의 소용돌이로 휩쓸어 버렸던 쓰나미와 원자력 발전소 폭발은 우리 인류가 지금 어디에 어떻게 서있는가를 웅변으로 잘 보여 주었다.

지난날 저 아이티에서 벌어진 쓰나미의 충격은 또 얼마나 큰 회오리를 우리에게 안겼던가. 무려 20만이 넘는 목숨이 벼락같이 산 채로 땅에 묻히거나 수장되어 버렸다. 2004년 인도네시아에서 생긴 쓰나미 때와 거의 비슷한 수십만 희생자의 숫자는 이제 놀랄 일도 아닌 무서운 일상이 돼버렸다.

이 '쓰나미'라는 낱말은 묘하게도 우리의 '싹쓸이'라는 말과 비슷한 어감으로 다가오는데, 지구를 뒤흔든 지진은 계속해서 중국의 쓰촨 성이나 칠레, 에콰도르, 남태평양의 여러 섬나라에서도 쉬지 않고 쾅쾅 터져 나왔다. 아이슬란드에서 폭발한 화산은 그 검은 재를 온 유럽 하늘에 흩뿌리고 뒤덮어 비행기 운항까지 멈추게 했으며, 때아닌 대형 홍수와 태풍, 토네이도와 허리케인이 지금도 세계 곳곳을 휩쓸고 다닌다.

우리가 발 딛고 사는 땅덩이는 그만큼 엄청난 파괴와 소멸의 길을 된통 걷고 있다고 봐야 하는데, 그래서 이미 지상에서 사라져 가는 게 몰디브의 섬들과 오로라, 알바트로스, 만년설 등이라지 않던가.

그에 따라 앞으로 해수면은 점점 더 높아지고, 바다는 더욱 뜨거워진다. 호수와 강바닥은 쩍쩍 금이 가고, 저 푸른 초원은 황량한 사막으로 변한다.

우리의 영험한 백두산도 남의 일이 아니라고 한다. 언제 폭발할지 모르는, 4개의 층으로 이루어진 마그마 활동이 한창 진행 중인 활화산이라는 것. 잦은 지진이나 해일, 이상기후가 불러올 농·어업의 흉작과 재앙 역시 결코 먼 나라 남의 일로 방관할 수가 없다.

하지만 만약 그렇게 되더라도 끝내 절망하거나 스스로 포기하진 말아야 한다. 히로시마에 떨어진 원자폭탄 위력의 400배에 이르는, 소련시대의 저 무서운 체르노빌 원전사고 이후의 놀라운 생태계 복원 능력을 보면, 자연 또는 인간의 힘이 얼마나 위대한지를 또 금방 짐작할 수 있기 때문이다.

지금 곧 지구의 종말이 다가오고 세상이 뒤집어진다 해도, 이 지구 어디에선가의 하늘과 자연과 인간은 또 여전히, 변함없이 뭇 생명을 탄생시키고, 어떤 형태로든 줄기차게, 거룩하게 그 삶을 이어 나갈 것이므로.

아, 연둣빛으로 물들어 가는 저 눈부신 산천을 보라.

겨우내 죽은 듯 잠들어 있던 나무들이 활활 깨어나고 있다. 산과 들의 온갖 푸새들이, 빨, 주, 노, 초, 파, 남, 보의 천연 물감을 하늘 위 누군가가 확 뿌려 놓은 것처럼이나 아름답고 신통하다. 정녕 눈물겹도록.

집짓기

봄이 무르익으니 여기저기서 집을 짓거나, 집짓기를 위한 터 닦기 공사가 한창이다. 그저 조용하고 고즈넉하기만 하던 전형적인 산골의 이 산뱅이 마을에, '산 좋고 물 맑은 데'를 찾아 들 쑤시고 들어오는 외지인들이 눈에 띄게 흔해져서, 낯선 그들이 그만큼 야금야금 이 시골을 보기 좋게 잠식하고 있다는 증거이 기도 하겠다.

몇 안 되는 노인들뿐인 원주민이 다 세상 떠나고 나면, 이 산촌은 아예 나 같은 객(客) 살이 도시 이주민들로 대신 채워지리라. '날아온 돌이 박힌 돌 뺀다'는 말이 하나 틀린 게 없어 보인다.

마을 초입께의 2층짜리 펜션 건물은 그 철골 구조물 위에 조립식 건축자재들이 후다닥 올라간 게 바로 엊그제 같은데 벌써 완공을 눈앞에 두고 있다.

새 주인이 천안의 어느 교회 집사라는 마을 안 언덕바지의 근사한 황토집은 이즈음의 참살이 건강열풍에 걸맞게 아주 찰지고도 때깔 좋은 흙과 돌과 기와로 한창 지어 대고 있다. 이 황토집 주인은 집에 대한 관심이나 집착이 별나서, 몇 달씩이나 강원도 어느 한옥학교에서 공부하고 돌아와 모든 공정을 자신이 직접 주도하며 추스르는데, 육체노동으로 땀 흘리는 그 구릿빛 열정이 꽤나 부럽다. 무슨 일이든 스스로 좋아서 미쳐 몰입한다면, 그처럼 좋은 일이 또 어디 있을까 싶다.

내가 사는 함박골에서도 이미 세 군데나 요란한 터 닦기 공사가 그악스레 벌어졌다. 그들이 온종일 뿜어 대는 육중한 굴착기 소리와 기계톱 돌아가는 새된 금속성에, 민감한 두 귀가 그저 먹먹할 지경이다. 더욱이나 호두밭 뒤쪽 된비알의 터 닦기는 대규모의 임야 벌목작업까지 병행하고 있어서, 그 왁살스런* 톱날에 퍽퍽 쓰러져 나가는 원시림이 보기에 꽤나 처연하고도 안쓰럽다. 그 무자비한 환경파괴와 아름드리 자연의 훼손은 결국 우리네 인간의 재앙으로 고스란히 되돌아올 텐데도 말이다.

아무튼 그럴싸한 전원생활을 결심하고 시골에 땅뙈기라도

· 왁살스럽다 : 보기에 대단히 무지하고 포악하며 드센 데가 있다. '우왁살스럽다'의 준말.

몇 평 장만하게 될라치면, 누구나 없이 이 집짓기에 대한 관심과 열정에 쉬 휩쓸려 들게 마련이다. 나와 우리 가족의 건강이나 기호에 적합한 집은 과연 무슨 소재, 어떤 형태와 구조여야 할까? 그림 같은 정원은 어떻게 꾸미고, 무슨 나무와 꽃들을 어느 자리에 심을까? 하는 등의 이런저런 궁리에 도무지 쉴 틈이 없는 것이다.

예외 없이 나도 그랬다. 그래서 그에 관한 서적이나 전문잡지를 열심히 챙겨 들여다보거나, 관련 주택전시장 같은 데도 득달같이 달려가 구경하는 걸 일삼았다. 가족과 함께 먼 데 나들이할 적 지나치는 길목에 꽤 괜찮은 전원주택이라도 보란 듯 서있으면, 이내 거기에서 차를 멈추고 내려 사진을 찍는다거나 직접 그 낯선 곳에 찾아들어 집 구경하기 일쑤. 그리하여 얻은 소박한 결론이 '목조주택'이었다.

하지만 막상 적절한 시공업체를 정하여 이 험한 산골짜기에 집을 짓기 시작하면서, 나는 한 채의 작은 집이라도 그것을 제대로 짓기 위해서는 참 많은 이들의 생각과 노고가 한데 어우러져야 한다는 걸 절감하지 않을 수 없었다. 그야말로 조화로운 집체 창작이요, 종합예술이라 할 만한 게 바로 집짓기의 기본 개념.

집터 닦기와 설계, 기초공사에서 시작해, 단단한 철근 콘크리트 바닥 위로 나무기둥이 올라가고, 그 위 종횡으로 벽과 대들보와 서까래와 지붕이 얹히고 나면, 거기에서 다시 내장공사와 설비, 전기, 미장, 도장, 인테리어, 상, 하수도, 난간이나 조경에 이르기까지, 각 단계별로 참여하는 전문가들이 실로 다종다양하게 얽혀 움직여야 하는 게 바로 집짓기이다.

섬세함과 힘찬 역동성의 조화, 그게 곧 이 집짓기의 시스템인데, 웬만하면 죽기 전에 꼭 한 번쯤 직접 경험해 봐야 할 게 바로 이 일이 아니겠나 싶다.

집을 지을 땐 반드시 다음과 같은 몇 가지 사항들을 유념해야 한다. 첫 번째는 '사람보다 집이 더 크면 안 된다'는 전제조건이다. 집터보다 집이 더 커도 안 되는 것 또한 명약관화한 사실. 그 터의 지기(地氣)가 건물의 무게에 짓눌려 버리기 때문이다. 사람은 작은데 집만 크고 화려하다 보면, 어찌 그 집주인의 인격이나 인생 됨됨이가 형편없이 눌리고 찌그러지지 않겠는가.

두 번째는 주변 환경을 잘 고려하라는 점이다. 특히 시골에 새로 집을 지을 땐 원주민들의 성향이나 그 마을이 안고 있는 분위기에서 너무 툭 불거지게 튀어도 곤란하며, 비싼 대리석

같은 마감재로 요란하게 치장하는 것 또한 삼갈 일이다. 그래야 새로 만난 이웃들과의 교감이 도타워지고, 한배를 탄 공동체 구성원으로서의 즐거움도 더불어 누릴 수가 있다.

그다음으로 중요한 대목이 '내 몸에 맞는 집을 자연스럽게' 지으라는 것이다. 주어진 지형, 지물의 환경을 최대한 살리면서, 빛과 공기가 집 안팎을 충분히 넘실대며 흐를 수 있게 설계하는 건 가장 기본적인 덕목이다.

어디에 무슨 집을 짓는가도 그에 못지않게 우선되어야 할 대목. 가령 습기가 많은 계곡이나 저수지 근처에 흙집, 또는 방부제 처리 안 된 통나무집을 짓는다면, 무시로 덤벼드는 물안개와 푸른곰팡이 등쌀에 맥을 못 추게 될 건 너무나 빤하다. 소금기 많은 바닷가에서 녹슨 양철지붕 바라보는 게 더없이 민망하듯, 산속 경치 좋은 명당에 스티로폼 패널로 벽을 쳐 올리는 조립식 건물이 들어서는 것도 볼썽사납다.

그리하여 내가 고심 끝에 선택한 집은 결국 아담한 목조주택이었다. 비록 적당히 방부, 방충 처리되어 저 머나먼 태평양을 건너온 수입목이긴 하되, 그래도 원목 그대로의 나뭇결과 질감이 고스란히 살아 있는 소재여서 별 망설임 없이 이것으로 선택해 지었다.

기초공사를 끝낸 콘크리트 바닥의 먹줄들을 들여다볼 때의 조금 모자라던 느낌과는 달리, 정해진 치수대로의 방들과 거실, 주방, 욕실, 다용도실, 다락 등이, 저마다의 얼굴을 뽐내며 제법 시원스럽게 터억 자리 잡은 첫 집의 그 넘치는 감동이라니!

그때의 달뜬 기분을 떠올리면 지금도 가슴이 술렁인다.

돌아가자. 장차 초야에 묵으려 하거니, 어찌 돌아가지 않으랴.
이미 스스로 마음으로써 사역(使役) 하였으므로, 어찌 근심하여
홀로 슬퍼할 것이 있으랴. 지난 일은 고칠 수 없음을 깨달아, 앞
으로는 그를 좇아 틀리지 않겠노라. 실로 길을 잘못 들었지만 그
리 멀리 오지는 않았으니, 지금부터는 옳고 어제까지는 틀렸음
을 알겠더라.

저 유명한 도연명의 〈귀거래사〉 첫대목이다.

산 설고 물 선 이곳에 순전히 바람 따라 흘러 들어와 집을 지
으면서, 어찌 회한 어린 머뭇거림이 잠깐이라도 없겠는가. 내
가 선택한 이것이 정말 잘하는 짓인지, 지금껏 살아온 내 인생
은 솔직히 실패투성이는 아니었는지, 그리고 앞으로는 결코 후
회 없는 새 삶을 계속 이어 갈 자신은 확실한지에 대한 상념으
로 밤잠을 설칠 경우, 저 도연명의 〈귀거래사〉에 내 눈길이 자
주 갔다.

하지만 둥지 틀어 안착할 집까지 보란 듯 들어앉힌 마당에,

그런 한가한 감상에 젖을 때가 아니었다. 일찍이 일가친척들은 지나친 걱정부터 지레 앞세우곤 했다. 여태껏 아스팔트 밟고 살던 사람이 그 외지고 험한 산골에서 어떻게, 뭘 먹고살지? 그때 나는 당당히 흙 파먹고 산다고 대답해 주었다. 모름지기 그러할 것이었다.

흙과 바람, 비, 햇빛, 흐르는 계곡물과 더불어 거대한 자연의 일부로 호흡하며 살 것이었다. 도회지의 허울 좋은 위선의 탈을 감연히 벗어 던지고, 진정한 인생의 의미가 무엇인지를 온몸으로 익히고 받아들일 것이었다. 그것이 곧 내 몸에 맞는 삶이라고 굳게 믿었다.

물론 평생의 업(業)인 글농사에도 결코 게으름을 피우진 않겠지만, 일단은 내 생래의 알몸으로 돌아가 오로지 흙과 하나가 되는 데 혼신의 열정을 바칠 터였다.

그런 마음다짐으로 집을 지으니, 자연 그에 대한 애착과 집념이 더욱 증폭될 수밖에. 온종일 망치질 소리와 전기톱 돌아가는 소리가 진동하는 와중에서도, 나는 주변에 곱다시* 쌓여

---

* 곱다시 : 무던히 곱게. 그대로 고스란히.

있거나 어지러이 버려진 목재들을 자주 매만지거나 큼큼 냄새 맡기에 바빴다.

싱그러운 나무의 향기가, 자연스레 살아 있는 나뭇결의 그 질감이 그렇게나 상큼할 수가 없었다. 캐나다산 미송인데, 집 짓기의 쓰임새에 따라 일정한 규격으로 보기 좋게 깎고 다듬어, 저 넓고도 시푸른 태평양을 건너서 이 깊은 산골짝까지 실려 왔으니, 세상은 참 넓고도 좁다는 사실을 온몸으로 실감하지 않을 수 없었다.

그러면서 집 짓고 남은 나뭇조각이나 허드레 목재는 또 어떻게 쓸 것인가에 대한 궁리로 바빴다. 재사용할 데는 의외로 많았다. 우선 창고 짓는 데엔 상태가 괜찮은 것들이 들어갈 테고, 닭장이며 토끼장, 염소 우리는 물론, 우체통이나 공작물 상자, 화단 경계목 등으로도 두루 쓸 것이었다.

그러구러 어렵사리 집 짓고 거기에 정붙여 살면서 목조주택의 장점을 다시 확인할 수가 있었는데, 가장 먼저 꼽을 수 있는 건 아무래도 '무겁지 않다'는 사실이었다. 그 집의 육중한 무게에 짓눌려 지레 헉헉대기 일쑤인 기존의 기와나 벽돌, 또는 콘크리트 철골 구조물보다 훨씬 가벼우면서도 아주 상큼한 안정감을 동시에 안겨다 주었다.

나무에서 맡아지는 냄새나 시각적 효과로 해서 왠지 자연과 하나로 만나는 듯한 느낌마저 덤으로 호흡할 수 있었다. 싱그러운 숲속에 들어섰을 때와 비슷한 기분을 늘 보고 만지고 느낄 수 있으니, 이보다 더 알찬 집으로서의 가치가 어디 있을 것인가. 나무와 나무들이 서로 얽히고설켜 우뚝 서있는 목조 건축물은, 잘하면 그 자체로도 한 폭의 보기 좋은 숲 그림일 수가 있는 것이다.

하지만 세상에서 가장 좋은 집은 뭐니뭐니해도 '자연의 집'이지 않을까 싶다. 이를테면 새나 벌, 너구리, 거미, 비버 같은 야생동물이 지은 무공해 천연의 집들 말이다.

주어진 환경과 절묘하게 맞아떨어지는 그들의 집은 정말 정교하고도 세밀한 무위자연의 건축공학이 아닐 수 없는데, 가령 비버가 작은 댐을 막아 집 짓는 과정을 유심히 살펴보면 그저 벌린 입이 다물어지지 않을 지경이다. 쇠처럼 강인한 이빨로 날 세게 나무를 베어 와서, 밑동이 굵은 긴 물줄기의 아래쪽에 가로지르고, 자잘한 졸가리°는 서까래처럼 위쪽으로 얼기설기 엮어 내는 그 기막힌 목수장이의 솜씨라니!

처마 밑에 진흙집을 짓는 제비들의 지혜와 성실성은 또 어떤 가. 봄에 잠시 찾아들었다가 가을이면 또 미련 없이 강남으로 훌쩍 떠나 버릴 철새이면서, 그들은 봄내 찰진 진흙을 일일이 입에 물어다가, 마치 작은 첨성대를 옆으로 눕혀 놓은 것 같은 완벽한 토방을 제 식구들의 보금자리로 처억척 지어 내는 것이다.

전망이 썩 괜찮은 높은 고목 위에 잔가지를 물어다가 씨줄날 줄로 정밀하게 엮어 둥지를 튼 까치는 물론이고, 아름다운 다이아몬드 꼴의 수많은 구멍집을 아주 바지런한 집체창작으로 지어 낸 꿀벌의 정교한 공동주택이야말로, 균형과 조화미가 아주 돋보이는 '집 중의 집'이라 해도 손색이 없을 것이다.

그러므로 내가 또 집을 지을 기회가 온다면, 이번에는 반드시 이와 같은 자연의 집, 적어도 자연과 가장 가까운 형태의 집을 한 번 더 지어 봤으면 싶다. 그게 바로 진정한 작가(作家, 집 짓는 사람)의 집일 수 있을 터이므로.

• 졸가리 : 잎이 다 떨어진 나뭇가지.

호미의 마음

새 생명의 봄이 부풀어 슬슬 호미를 손에 잡기 시작할 무렵이면, 인생무상의 넋두리로 잿빛 우울증에 시달린다거나, 온밤을 뜬눈으로 지새우는 허튼 불면증에 생고생할 일은 없다. 겨우내 얼었던 땅이 몇 차례의 봄비에 촉촉이 풀리면서, 그 땅에 사는 사람은 온갖 씨앗들을 넉넉히 품어 안을 준비로 눈코 뜰 새가 없어서이다. 그래서 아침저녁으로 숨 가빠 호미 들고 천방지축 설치다 보면, 땀으로 녹초가 된 몸뚱이는 밤이 이슥해지기 바쁘게 곧장 꿀잠 속으로 스르르 빨려들어 가고 만다.

나는 이 봄에도 조금 넘치는 채소 씨앗과 모종을 텃밭에 뿌리고 심었다. 열무와 실파, 아욱, 상추, 치커리, 고수, 얼갈이 따위의 10여 가지는 미리 칸 맞춰 일궈 놓은 데에 씨앗으로 파종하고, 고추와 호박, 식용 박, 당귀, 토란, 가지, 방울토마토, 오이 따위는 장(場)에서 모종으로 사와 조금 넓은 밭을 따로 일구어 정성스레 심었는데, 그래 놓고 보니 또 욕심이 너무 지나치지 않았나 싶다.

하지만 일단 애써 뿌리고 심었으니 이를 어쩌랴.

이것들이 제대로 뿌리 내릴 때까지는 물주기와 거름주기, 김매기 또한 한시라도 게으름을 피워서는 안 된다. 모든 작물은 다 적당한 '때'가 있거니와, 그 정해진 때를 놓치면 그만 공염불이 되고 마는 게 다름 아닌 농사짓기이다. 거기에다 그렇게 가꾸는 작물과 두런두런 정겨운 대화를 나눌 정도의 자애롭고 따스한 마음씨까지 잘 준비되어 있을 때에야 비로소 참농사가 가능하다.

그 자애로움이란 곧 내가 직접 낳아서 기르는 자식을 그윽이 들여다보는 마음이기도 하다. 그리하여 내가 뿌린 씨앗들이 뽀얗게 얼굴을 내밀고 앙증스레 흙의 살결을 뚫고 올라오면, 누구든 경이의 감탄사를 내지르게 마련이다. 그러면 무슨 빙의라도 한 듯 절로 입이 헤벌어져서,

"햐, 요놈들 봐라. 벌써 싹을 틔었네!"

"허허, 참. 이 깜찍하고 귀여운 것들!"

혼자 중얼중얼, 웃고 말하고 감격스러워한다. 그러면 자연 어머니나 아버지 같은 육친의 농심(農心)을 스스로 여미어 갖지 않을 수가 없는 것이다.

이쯤에 이르면 그 줄기차고 무수한 잡초나 병충해도 겁나지 않는다. 오히려 그것들이 오랜 벗으로 짐짓 돌변하기도 한다.

그래, 세상에 필요 없는 게 무엇이랴. 무엇이든 필요하니까 이 땅에 나왔지.

이렇듯 너그러운 자비심으로 뭐든지 아주 당연하게 받아들이고, '시골살이는 온전히 풀과 벌레와의 전쟁'이라던 애초의 생각을 싹 지워 없애게 된다. 그리고 아주 차분히 호미로 김을 매거나, 손톱 밑이 검도록 잡초를 뽑아내거나, 날 선 예초기를 돌린다.

그중에서도 가장 확실한 방법은 그저 보이는 대로, 닥치는 대로 잡초를 뽑아내는 것이지만, 농사의 규모가 텃밭 정도를 훌쩍 넘어서면 문제가 달라진다. 그때는 별 수 없이 파종 전의 땅을 경운기나 트랙터로 갈아엎어 주는 게 우선이다.

이 잡초 못지않은 골칫거리가 해충 박멸. 해충을 잡아내기 위해선 전기 불빛을 이용하는 것도 꽤 괜찮은데, 어두운 밤에 푸른 유인 전자파 불빛을 보고 마구잡이로 뛰어들어 탁탁탁 타죽는 뭇 벌레들의 목숨까지야 낸들 어찌할 것인가. 진딧물 같은 것에는 숯을 구울 때 나온 목초액이나 식초를 물에 섞어 만든 수제(手製) 살충제를 뿌리면 좋다. 소주 같은 알코올도 때로는 도움이 된다.

그러므로 좀더 즐겁고 안락한 시골살이를 누리기 위해선 결코 벌레나 잡초 따위를 두려워해선 곤란하다. 오히려 이들을 다정한 친구쯤으로 거두어 낚아채야 하는데, 이들과 철저하게 벗하다 보면 꽤나 자연스레 쥐어지는 게 다름 아닌 호미자루이다.

호미는 많고 많은 농가의 연장 쓰임새 중에서 단연 으뜸이다.

시골에선 어느 집에나 있어야 할 연장은 무엇이든 다 있어야 하는데, 가령 1년에 겨우 한두 번 쓸까 말까 한 쇠스랑이나 곡괭이, 도끼에서부터 낫과 망치, 톱, 끌, 삽, 전지가위 등에 이르기까지 이루 헤아릴 수가 없지만, 그래도 곁에서 가장 가까운 연장은 바로 호미가 아닐 수 없다.

그래서 나는 아주 낯익은 서너 개의 호미를 동무처럼 늘 꿰어차고 사는데, 하나는 마당 앞 텃밭 가의 뽕나무 가지에, 또 하나는 고구마와 호박 따위의 줄기 많은 작물이 심어진 텃밭 쪽에, 그리고 남은 하나는 집 주변의 잔디밭 화단 가에 고이 모셔 놓고서 적시적소에 적절히 사용한다.

이 호미들이 닳고 닳아 헌 자루밖에 남지 않으면, 그제야 나도 진짜 농사꾼 소리를 들을 수 있으려나? 적어도 3개쯤의 벼루를 꿰뚫어 닳게 하고 나서야 비로소 '명필' 소리를 들을 수 있다는, 어느 선현(先賢)의 말씀까지 새삼스럽게 떠오르는 바쁜 농사철이다.

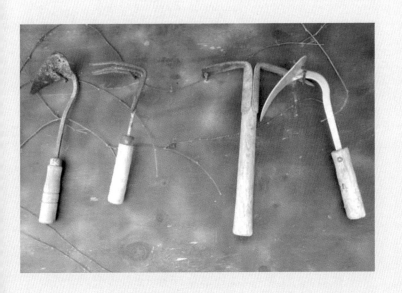

오른팔이 아프다

오늘도 허둥지둥 바빴다. 힘든 오른팔이 몹시 결리고 시큰거릴 정도로. 그래서 왼손도 함께 번갈아 쓸 수 있는 양손잡이가 꽤나 부러운 이즈음이다. 어느새 우리 곁으로 성큼 다가온 봄은, 그만큼 잡다한 일거리를 그악스레 안겨 주는 것이다.

하지만 오래도록 농사를 지은 여기 산뱅이 재래식 농부들은 아무리 바쁜 농번기가 점령군처럼 밀려오더라도 결코 어수룩한 나처럼 당황해하거나 곁꾼*처럼 허둥대는 법이 없다. 몸에 익은 슬기로운 경험과 자연의 순리에 따라 그때그때 아주 태연스럽게 밭 갈고, 씨 뿌리고, 김매고, 수확하면서 무슨 경우에든 적절히 잘 대응한다. '장사는 절대 사람을 놓치지 말아야 하고, 농사는 결코 때를 놓치지 말아야 한다'는 말에 걸맞게, 이들은 거의 본능 어린 습관처럼 때를 놓치지 않고 농사를 짓는다.

그럼에도 나는 왜 번번이 철마다 때를 놓치는 것일까. 왜 지

---

* 곁꾼 : 일하는 사람의 곁에서 그 일을 거들어 주는 사람. 늑 손도울이.

나치게 바지런 떨어 되레 때를 앞질러 가거나, 남들이 다 끝낸 파종기를 또 뒤늦게 허겁지겁 뒷북쳐 따라가기 일쑤인가?

그것도 강산이 변한다는 10여 년 세월을 매번 지치지도 않고 되풀이하고 있으니 정녕 알다가도 모를 일이다. 그런 면에서 보자면 나는 앞으로도 주욱 지혜롭고 현명한 참살이 농사꾼으로 살아가긴 영 글렀나 보다.

오른팔이 아프도록 숨 가빠 돌아간 오늘의 벅찬 일손도 결국 다 때를 놓친 데서 비롯되었음은 두말할 나위가 없다. 아침에 눈뜨기 무섭게 톱과 전정가위를 들고 개울 건너 작은 과수원으로 달려간 이유는 지난해 늦가을이나 올 초봄에 일찍이 끝냈어야 할 가지치기를 나무들마다 물이 오르고 새순이 돋아날 오늘에 이르러서야 뒤늦게 해치우기 위해서였다.

나는 부리나케 함부로 뒤엉켜 웃자란 복숭아며 대추, 매실나무 가지들을 꽤나 열심히 이리 치고 저리 잘라 다듬었다. 그 밭머리 진입로로 이제 겨우 귀농 3년차인 조문재가 흙투성이 1톤 트럭을 몰고 나타난 것도 바로 이때.

"선배님, 조금 있으면 활 꽃들이 필 텐데 지금 와서 무슨 가지치깁니까? 그거, 그만두고 저랑 버섯용 참나무나 베십시다."

벌여 놓은 일들은 이것저것 많은데 도무지 무엇 하나 제대로 되는 일이 없는 초보 농사꾼이 웬 뚱딴지같은 제안을 내지른다.

대체 그게 무슨 말이냐고 되묻자, 맞춤한 참나무에 구멍 뚫어 표고 종균을 심어 놓으면 탐스런 표고버섯이 절로 열린다는 것, 그러니 우리 둘이 힘을 합쳐 서로 자급자족할 정도로만 시험 삼아 그 재배에 도전해 보자는 솔깃한 귀띔이었다. 우리 밭과 이어진 자기네 산(집에서 빤히 건너다보이는)에서 몇 그루 필요한 참나무를 베어 내자는 것이어서, 나로서는 단박에 옳다구나 싶었다. 안 그래도 언제 한번 버섯농사를 너볏이* 경험하고 싶은 욕구가 간절하던 참인데, 내 어찌 때그르르 굴러 들어온 절호의 기회를 마다할 것인가.

가지치기를 대충 마무리 짓고, 우리는 곧 넓고 아름다운 내 정원 같은 앞산으로 들었다. 그리고 위험을 무릅쓴 기계톱질로 두어 뼘 정도의 두께와 1.5미터쯤의 길이로 동강 낸 참나무 운반작업에 들어갔다. 한 집에 25개씩 해서 모두 50개의 버섯 배양목을 마련한 거였는데, 그러나 이게 웬 날벼락이랴.

---

* 너볏하다: (몸가짐이나 행동이) 번듯하고 의젓하다.

전문 버섯꾼의 때늦은 조언을 들어 보자니, 물이 막 차오르기 시작한 참나무는 버섯재배에 아무런 쓸모가 없다는 거였다. 거기에 구멍 뚫어 종균을 애써 심어 봤자 그게 속절없이 썩어 버린다는 거였다.

"어휴, 조 형 하는 일이 마냥 그렇지 뭐."

나한테서 애꿎은 면박을 조롱처럼 얻어듣고 난 그는 스스로도 울컥 부아가 치밀고 겸연쩍은지,

"그럼 기왕 내친 김에 그에 합당한 배양목을 요 아랫말에 가서 사옵시다. 아까 아침녘에 보니까 버섯 일꾼들이 떼 지어 종균작업하고 있더라구요."

끝내 포기할 수 없다는 샘바리* 고집이었다. 나는 기꺼이 거기에도 쉬 동의해 주었다.

버섯 하우스 농사를 크게 짓는 아랫말 표고농장 주인한테 거의 억지이다시피 졸라서, 구색 맞춰 필요한 배양목을 어렵게 구해 그중의 내 몫을 호기롭게 집으로 실어 온 나는, 그제야 본격적으로(거기 전문가들한테서 눈 익혀 배운 대로) 전기드릴을 이

•샘바리 : 샘이 많아서 안달하는 사람.

용해 종균 구멍을 하나하나 뚫기 시작했다.

새끼손가락 굵기와 2센티미터 정도 깊이의 구멍을 한 그루당 평균 150개씩, 땀 뻘뻘 흘려 가며 열다섯 그루를 뚫고 나자, 오른팔이 지레 덜덜덜 떨릴 지경이었다. 모두 2,250개쯤의 구멍을 뚫고 났을 땐 어느새 노루꼬리 같은 해가 서산마루로 꼴깍 넘어가고 말았다.

시내에서 종균 사오는 일은 자연 내일로 미룰 수밖에 없으되, 그것을 용케 구해 오면 또 그 마른 누에토막 같은 걸 수많은 구멍마다에 일일이 다 심어 넣어야 할 일이, 아직도 고스란히 남아 있었다.

달콤한 쓴맛

올 봄은 참 춥고, 성깔 사납고, 더디게도 왔다. 그럼에도 내가 좋아하는 갖가지 산채와 들나물은 어김없이 쑥쑥 솟아 나와 정겹게 손을 내민다.

산속의 집 주변은 온통 먹을거리 풍성한 새순(筍)들 천지. 그래서 봄은 별의별 산채가 더 먼저 찾아오는 '새 입맛의 계절'인지도 모르겠다.

얼었던 땅이 완전히 풀리는 4월 중순쯤이면 벌써 얼굴을 내미는 건 쑥과 냉이, 달래 따위이다. 이 어여쁘고 여린 싹들이 어떻게 그 모진 추위를 견뎌 냈을까 감탄할 겨를도 없이, 그것들은 하루가 다르게 쑥쑥 치솟아서 겨우내 군내에 찌든 묵은 입맛을 일시에 상큼한 쪽으로 확 바꿔 준다. 이 세 가지는 특히 된장국에 썩 잘 어울리는데, 그 구수함과 쌉쌀한 향기의 조화는 봄의 첫맛을 상찬하는 데 손색이 없으리라.

이 봄맛들을 한 차례 겨끔내기˚로 되풀이하다 보면, 또 어느새 땅을 뚫고 나오는 게 민들레와 머위, 취나물, 씀바귀들이다. 이것들은 하나같이 한결 세어진 고소(苦笑)의 향미를 갖고 있는데, 민들레나 곰취, 참취 잎사귀는 구운 삼겹살이나 주꾸미를 싸먹는 데 그만이지만, 나는 아무래도 여린 머위 잎과 고들빼기가 입맛에 딱 맞는 것 같다. 쌈으로 싸먹다가 물리면 끓는 물에 데쳐 된장과 참기름에 무치고, 한 이틀 찬물에 우린 고들빼기 뿌리 또한 나물로 무치거나 팬에 기름 둘러 달달 볶아 먹는다.

이 산나물 요리에서 아주 중요한 점은 무엇보다도 양념을 적게 쓰라는 것이다. 나는 거의 쓰지 않고 아주 단순하게, 그 먹을거리 고유의 맛이 싱싱 살아 있는 상태로 섭취하는 걸 원칙으로 삼는다. 그래서 생선회를 먹을 적에도 쌈 따로, 회 따로이다.

이렇게 푸른 입맛을 즐기는 사이에도 산채 싹들은 쉼 없이 솟아나와 지천으로 깔린다. 연둣빛으로 몸 떨리던 산색이 조금 더 진한 연녹색으로 물들기 시작할 무렵이면, 산에서 나는 새순들은 거의 못 먹는 게 없을 정도로 순정하게 해맑다. 심지어는 엉겅퀴와 질경이까지도 감미로운데, 비 온 뒤 햇고사리를

• 겨끔내기 : 서로 번갈아 하기.

꺾어서 나물로 데쳐 먹는 맛은 그 어디에도 비길 데 없는 혀끝의 선경(仙境).

내가 꽤나 즐기는 나물인 고사리는 그 어떤 고기맛보다도 더 맛깔스럽고 감각적(제사 지낸 후 소지 태우는 종이연기 냄새 같은)이면서 고소하다. 씹을 때 입 안 가득 채워지는 달착지근한 식감도 식감이지만, 먹고 난 뒤에도 여전히 입 안에 남는 깊은 산의 향기가 그렇게나 감미로울 수가 없다.

풋풋하게 감아 도는 이 감칠맛은 특히 비 온 뒤의 햇고사리에서 더욱 진하게 맡아지지만, 이를 팔팔 끓는 물에 데쳐 말려 소중히 갈무리해 두었던 것을, 필요할 때 다시 꺼내어 나물로 무쳐 먹거나 얼큰한 육개장 같은 탕 음식에 넣어 먹으면, 역시 웬만한 고기 맛은 저리 가라이다.

절집에 가면 흔히 '고사리를 먹으면 정력이 약해진다'는 말이 회자되기도 하지만, 이는 그게 하도 맛있어 스님 혼자서만 많이 먹을 심술에서 비롯되었다는 우스개가 있을 정도.

그보다도 더 실감나게 우리한테 다가오는 옛이야기는, 못된 쿠데타를 일으켜 세운 주(周) 나라의 곡식 먹기를 거부하고, 골 깊은 수양산에 들어가 그저 쑥쑥 솟아오르는 고사리만 뜯어 먹고 살았다는 백이숙제 두 형제의 절의 곧은 경우가 아닐까.

풀처럼 번차례로 올라오던 이 산나물들이 살그머니 한풀 꺾이고 나면, 철은 어느새 5월 초순. 대부분의 흰 꽃들이 이울기 시작하는 이 무렵이면, 천연물감을 휙 뿌린 것 같던 연둣빛 산색 또한 점점 짙게 물들어 간다.

이때쯤이면 또 갖가지 약나무에서 솟아 나오는 새순들이 상큼한 봄맛을 한결 더 선명하게 내뿜게 마련. 머루와 다래 순을 포함한 오가피, 엄나무, 옻, 두릅, 더덕 순이 자아내는 그 쌉쌀하고 향긋한 새봄의 미각은, 참 오묘하고도 위대한 자연의 값진 선물이 아닐 수 없다.

그중에서도 나는 작설차처럼 생긴 오가피 순을 퍽이나 즐기는데, 나물로 무쳐 먹을 때 콧속으로 확 스며드는 그 풍미(風味)는 진정 아는 이만이 누릴 수 있는 산채 맛의 호사이다.

이 나물은 특히 데칠 때 신경을 좀 써야 하는데, 방금 따낸 여린 순을 팔팔 끓는 물에 아주 잠깐, 뜨거운 열기만 살짝 선보이는 것으로 끝내야 한다. 그리고 나물로 무치는 것도 아주 단순하게, 매실즙과 참기름, 약간의 맛소금만으로 조몰락거려 내놓으면 그것으로 그만이다. 품고 있는 향취가 너무 세서 다른 양념은 절로 필요가 없다.

이 오가피 순을 비롯한 여러 약나무의 여린 순을 딸 때는, 어김없이 떠오르는 속담이 하나 있다. '메뚜기도 한철'이라는 말이 그것이다. 4월 중순에서 5월 초까지의 짧은 동안에만 겨우 맛볼 수 있는 이것들을 한번 놓치면, 다시 긴 1년을 에누리 없이 더 기다려야 한다.

그러므로 딸 수 있을 때 열심히 따서 끓는 물에 살짝 데쳐 냉동실에 먹을 만큼씩 싸 넣어 두면, 계절에 상관없이 내내 고상한 신선의 풍미(달콤한 쓴맛)를 누릴 수가 있는 것이다.

사람 꾀꼬리

"참 이쁜 새도 다 있네. 저게 뭐지?"

왕벚나무 화사한 꽃들이 화르르 지고 난 빈 자리에, 웬 황금색 새 한 쌍이 날아들어 요란스레 우지짖고 있었다. 그 자태와 색깔이 너무 아름답고 화려해서 내가 혼잣말처럼 저게 무슨 새냐며 감탄사를 내지르자, 때 맞춰 놀러 온 시인 친구가 멋쩍게 면박을 준다.

"아니, 꾀꼬리잖어!"

"아, 그래? 저게 꾀꼬리였어?"

나는 새삼스레 놀라 두 눈만 휘둥그레 굴릴 따름이었다. 그리고 '여태 한 번도 못 봤으니, 모를 수도 있지 뭐' 하고 친구한테 항변하려는데,

"펄펄 나는 꾀꼬리는 암수 서로 즐거운데, 외로운 이 내 몸은 뉘와 함께 돌아갈꼬가 뭔지는 아남?"

시인은 또 엉뚱한 〈황조가〉(黃鳥歌)를 들먹이는 거드름까지 한껏 피우고 나서 혼자 껄껄댄다. '아는 만큼 보인다'는 말을

아주 실감나게 하는 장면이었다.

고구려 유리왕이 지었다는 우리나라 최초의 서정시 분위기에 걸맞게, 두 꾀꼬리는 여전히 안마당 자목련과 왕벚나무 사이를 춤추듯 펄펄 날아다녔다. 까치나 콩새 정도의 날렵한 몸매에 그 색깔이 온통 샛노란 순금 덩어리인 것만 같았다. 머리와 날개 끝만 살짝 검은 띠를 둘렀을 뿐이어서, 그 날개를 활짝 펴고 저만치 한공중을 날 때는 오롯이 진한 노란색만 환히 드러나 보였다. 볼수록 어여쁘고 황홀할 만큼 사랑스럽다.

친구가 돌아가고 나서도 꾀꼬리들은 다시 돌아와 한참을 더 내 주위를 맴돌았다. 온 산천이 초록으로 질펀히 물들어 있어서, 그 한가운데를 가로질러 오가는 이 새들의 색깔은 더욱 선명한 존재감으로 그림처럼 다가오기 마련이었다.

그런데 해질 무렵 잊을세라 또 찾아든 한 쌍의 꾀꼬리 울음소리는 눈살을 찌푸리게 할 만큼 수상쩍었다. 혼자 보기에는 너무 아까운 새라며 쯧쯧쯧 반기려는데, 바로 머리 위 단풍나무 가지 사이를 누비는 놈들의 소리가 강밭게 싸움질하거나 사랑을 애걸하는 듯한 소음으로 돌변해 있지 않은가. 마치 가래가 칵 목에 걸린 것 같은, 아니면 몽매에 그리는 짝을 목 놓아 부르다가 그만 꺼이꺼이 쉬어 버린 듯 이상한 소리였다.

미성(美聲)의 대명사라 할 꾀꼬리 소리가 왜 저래?

그리고 나는 문득 목소리가 유난스레 아름다운 '사람 꾀꼬리'를 떠올렸다. 그래서 지나치게 말 잘하고, 겉모습이 화려하고, 아는 게 두루 많아 오롯이 입으로만 먹고 사는 유식한 사람도, 욕심이 생기면 더러는 쉰 목소리로 남에게 해악을 끼칠 수도 있겠다는 생각이 불현듯 차오르던 것이다. 왈, 지식인의 이중성과 속물스런 허위의식이 바로 그것.

'아는 만큼 보인다'는 건 진정 옳은 말씀으로 교육의 가장 큰 핵심 명제이긴 하되, 그게 자칫 반작용의 교활성으로 둔갑할라치면 오히려 '아는 게 병'인 식자우환(識者憂患)의 폐해로써 세상만 더 어지러이 능갈치지* 않는가 하는 역설.

모름지기 세상은 이제 걷잡을 수 없는 속물시대로 접어든 것 같다. 위아래가 따로 없는 평등사회의 깃발 아래, 돈이면 무엇이든 가능하다는 속된 물질만능이 팽배하다 보니, 사악하고 잔인한 범죄는 도무지 그칠 줄 모른 채 더욱 창궐할 수밖에 없다.

---

* 능갈치다 : 교묘하게 잘 둘러대다.

나라의 경제 규모는 바야흐로 선진국 문턱에 진입했으며, 집집마다의 자식들이 대학 과정은 거의 다 마칠 정도로 세계 제일의 교육수준이라는데, 우리 일상의 도덕성이나 사람살이는 왜 이리도 살벌하고 강퍅한 저질 꼬락서니인가.

그것은 곧 사람 꾀꼬리들이 너무 많아진 탓이 아닌가 싶다. 정직하고 성실한 육체노동이 아닌, 반지빠른* 입만 가지고 호의호식하려는 속물 계층이 이 사회를 지배하는 데서 비롯된 현상은 혹 아닌지 깊이 따져 볼 일이다.

좀더 솔직히 곰파고 들어가서, 그럼 그들은 과연 누구인가?

꾀꼬리 속물은 우선 말이 너무 많다. 말로써 말 많으니 애써 쌓은 공든 탑을 스스로 허물어 버린다. 너그러운 덕성이 모자라, 공들여 베풀고도 칭찬받지 못하는 사람이 바로 속물 꾀꼬리들이다.

그는 결코 오른손이 한 일을 왼손이 모르게 가만 놔두지 않는다. 내가 마시는 이 물 한 잔이 어디서 흘러왔는지는 도무지

• 반지빠르다: 말이나 행동 따위가 어수룩한 맛이 없이 얄미울 정도로 민첩하고 약삭빠르다.

생각지 않으며, 그 은혜를 별로 중요하게 여기지도 않는다. 비싼 집이나 자동차, 전자제품 따위에나 정신이 팔릴 뿐, 고상한 인문학이나 정신적인 일로 얻어지는 기쁨에는 별로 관심이 없다. 돈이면 무엇이든 살 수 있으리라 확신하며, 새로운 물건에 욕심이 많다. 일단 욕심이 생기면 그것을 꼭 내 것으로 소유해야 하고, 갖고 나서는 곧 싫증을 낸다.

속물은 남의 말을 잘 믿지 않는다. 일단 의심해 놓고 본다. 적과 동지라는 이분법의 흑백논리로 잔뜩 무장한 채, 내 편이 아니면 무조건 적개심에 불타 욕하고 폄훼한다. 그는 우선 화를 잘 낸다. 남의 인격이나 자존심을 깎아 내리는 걸 즐기며, 어느 집단에서나 늘 '내가 중심이고 최고'라는 자부심으로 턱없이 목소리를 높인다. 그러면서 그는 꼭 따뜻한 아랫목을 차지하려 들고, 맛있는 음식도 누구보다 먼저, 잘 먹어야 한다.

그가 조금 유식한 경우라면 무엇이든 아는 체하기 십상이고, 녹슬고 빤한 이론으로 아무한테나 우김질하길 좋아한다. 미래로 열려 있는 역사를 꿈꾸는 게 아니라, 쓸데없는 과거에 집착한다. 그래서 곧잘 원한에 사무치고, 남을 원망하거나 없는 허물 찾아 비방하기에 바쁘다. 은혜를 원수로 갚는 행위 또한 그렇다.

무슨 새소리가 저리 그악스러워?

밤새 잠을 설치고 눈을 비비면서 창을 열고 밖을 내다보자니까, 어린애 주먹만 한 크기의 새 서너 마리가 이제 막 보랏빛 꽃망울을 틔우기 시작하는 박태기나무에서 요란스레 설치며 울어 댄다. 아니, 새들이 저희끼리 들까불며 소통하는 소리를 두고 함부로 '운다'고 표현하는 건 아무래도 어폐가 좀 있어 보인다.

오히려 '말한다'거나 '노래한다', '웃는다' 따위로 고쳐 불러야 사리에 마땅치는 않을지. 그도 아니라면 이것들을 두루 뭉뚱그려 '지저귄다' 정도로 적당히 절충해 부르든지. 한껏 날렵한 주둥이와 꼬리를 쫑긋거리며 나뭇가지 사이로 폴짝폴짝 날아다니는 새소리를, 어찌 에둘러 '운다'고 단정 지을 수 있을 것인가.

"찌, 찌르찌르, 쪽쪽쪽 … 뾰, 뾰르르, 뿡뿡뿡."

어쩌면 이빨 사이로 세게 새어 나오는 휘파람 소리 같기도 하고, 또 어쩌면 토라진 제 짝한테 납신거려[*] 뭔가를 졸라 대는 애원성 같기도 한 소리였다. 얼핏 보기에 개똥지빠귀가 아닌가 싶었다. 흰 배의 옆구리에 흑갈색의 반점 띠를 둘렀고, 이마에는 황백색의 무늬 털이 박힌, 잔밉도록● 귀엽고 앙증맞은 생김새가 그렇다. 어쨌거나 쉴 새 없이 혀를 놀려 자꾸 남의 흉내 내듯 우짖는 게 조금 마뜩찮다는 점만 빼놓고는, 역시 볼수록 어여쁘면서 사랑스럽다.

그럼에도 놈이 요란스레 지저귈 때마다 그 소리의 색깔이 얼마나 선명하게 맑고 날카로운지, 삼각형의 쏙 튀어나온 작은 부리 속 붉은 혀끝까지 다 드러나 보일 지경이었다. 정작 눈에는 실제로 보이지 않지만, 그 소리가 워낙 가살스럽게● 개성이 세다 보니 실제보다 더 크게 확대되어 다가오는 것 같았다.

그러므로 새든 사람이든 자칫 노래나 웃음이 아닌 쪽으로 잘못 놀리다 보면, 단순히 남의 단잠이나 해코지하는 어리석은 가납사니로 둔갑되는 게 바로 이 혀가 아닐까 싶기도 했다.

그래, 가납사니.

• 납신거리다 : 입을 재빠르고 가볍게 놀리며 재잘거리다.
• 잔밉다 : 몹시 얄밉다.
• 가살스럽다 : 보기에 격에 어울리지 아니하고 되바라진 데가 있다.

나는 왜 새들의 즐거운 지저귐을 통해 하필이면 '쓸데없이 말이 많은 사람'의 대명사인 가납사니를 떠올렸던 것인가.

맞다, 모든 원한의 칼은 세 치 혀끝에서 나온다.

사람들 사이의 사랑과 믿음 또한 마찬가지이다. 세상을 얻는 것도 이 혀끝이요, 한순간에 세상을 잃는 것도 이 혀끝이다. 사람살이의 모든 관계는 이 짧고도 오묘한 혀끝에서 비롯되나니, 그러므로 혀는 곧 그 사람이며, 그 사람의 무기이며, 인격이고 양심이다. 오죽하면 '칼의 상처는 아물어도 말의 상처는 쉽게 아물지 않는다'고 했을 것인가. 그러므로 혀를 잘 다스릴 줄 아는 사람이 곧 지혜롭고 현명한 사람이다.

하지만 어리석은 가납사니는 이처럼 소중한 입과 혀의 대의를 곧잘 잊어 먹기 일쑤이다. 그에 따라 우선 욕심과 의심이 많고, 쓸데없는 걱정거리를 늘 운명처럼 입에 달고 산다. 말로써 말 많으니, 여태껏 쌓아 올린 공든 탑도 한순간에 와르르 무너져 또 걱정!

대개는 바지런한 성격을 타고났으므로, 그는 언제든 입과 손을 그냥 놔두지 않는다. 무슨 일에든 참견하기 좋아하고, 어디에서든 좌중을 휘어잡으려 나댄다. 몸에 밴 친절로써 누구한테나 겸손한 척 인사성 바르게 굽실대지만, 돌아서면 이내 남들 흉보고 폄훼하기에 바쁘다.

비교적 잘생긴 이목구비에 말주변이 청산유수이기 십상인 가납사니는 거짓말도 참말처럼 늘어놓는 아주 특별한 재주를 가졌다.

그래서 나는 가납사니의 혀끝을 볼라치면, 그 임자와는 전혀 다른 별개의 분신이나 이물질을 마주하는 것 같아 속으로 소스라칠 때가 있다. 몸 주인과는 아무 상관없이 외따로 독립되어 떨어져 있는, 혼자 떨어져 꿈틀대는 또 다른 작은 생명체 말이다.

가슴 속의 생각은 이런데 입 속의 검은 혀는 저 말을 한다든가, 깨끗한 혀는 이 말을 하는데 저 마음은 이미 더러운 다른 뜻을 품고 있다는 따위로서의 의미가 아니라, 본디 태어날 때부터 인간의 육체 한 부분에서 훌쩍 벗어나 있는 것 같은, 어엿한 생물학적 단독자로서의 이물스런 존재감이 바로 이 혀끝이다.

참으로 이상하고도 귀살쩍은* 상념이 아닐 수 없겠다.

하지만 곰곰 따지고 보면 우리 혀의 기능은 얼마나 많고 현란

---

* 귀살쩍다 : 일이나 물건 따위가 마구 얼크러져 정신이 뒤숭숭하거나 산란하다.

한 놀라움으로 가득 차 있는가. 인간이 누리는 그 모든 본능의 촉수라 해도 과언이 아닐 터이다. 달고 쓰고 시고 맵고 짠 맛의 그 무한하고도 다채로운 미뢰(味蕾)의 식감 체험은 말할 것도 없고, 갓난애가 어미젖을 찾듯, 늘 이성의 짝을 찾아 빨고 핥고 쓰다듬기를 갈망하는, 그침 없는 색욕 또한 그에 못지않은 혀의 위대함이라 할 것이다.

그러나 이 두 가지의 기능이 제아무리 우리 삶을 만족시키고 목숨을 담보하는 기본 조건이라 한들, 한마디로 세상을 들었다 놨다 할 수 있는 '말의 힘'에는 결코 견주지 못하리라. 남의 가슴에 대못 박고 비수를 꽂는 것도 한순간의 말의 힘이고, 천 냥 빚을 갚거나 사랑을 얻는 것, 한 나라를 뒤엎거나 되찾는 것 또한 결곡한 한마디 말에서 비롯될 수 있기 때문이다.

'발 없는 말이 천리를 간다'든가 '밤말은 쥐가 듣고 낮말은 새가 듣는다' 또는 '말이 말을 만든다' 따위의 수많은 속담이나 경구가 이를 잘 대변해 준다. 그러므로 나는 화려하게 말 잘하는 잘난 앵무새보다는 분명한 자기 목소리를 내는 거친 까마귀 소리가 단연코 낫다고 여긴다. 요새 들어 부쩍 잦아진 새소리의 아침, 따끈한 작설차 한 잔을 마시면서 음미해 보는 상념이다.

여
름

씨감자,
어머니

감자꽃을 보면 어머니 생각이 난다.

치렁치렁 우거진 옥수숫대 그늘 옆에서 여린 듯 하얗게 피어 나는 소담스런 감자꽃을 보고 있노라면, 모진 가난과 신산(辛 酸)의 풍파에 시달리면서도, 언제나 해맑은 웃음을 잃지 않으 려던 지난날의 어머니 얼굴이 자동으로 떠오른다.

올봄, 묵은 땅을 갈아엎고 두둑을 새로 북돋아 씨감자를 심 을 적에도 그랬다.

금방에라도 새파란 싹이 나올 것 같은 말랑말랑한(이미 탄력 성을 잃은) 씨감자를 4등분하거나 반쪽으로 싹둑 잘라, 그걸 정 성스레 다시 흙 속에 묻으면서 나는 왜 불쑥 어머니를 떠올렸던 것일까. 한 알의 밀알이 썩지 않으면 한 알 그대로이고, 그게 기꺼이 흙 속에 들어가 잘 썩으면 그 수십, 수백 배의 새로운 생명으로 거듭난다는 당연한 말씀이 아니더라도, 어머니는 충 분히 그걸 온몸, 온 영혼으로 살아 낸 존재였다.

모름지기 이 땅의 우리네 어머니들은 물기 마른 씨감자처럼 몸피가 쪼글쪼글 줄어들 때까지, 오롯이 올망졸망 매달려 있는 자식들을 위해 희생과 봉사를 아끼지 않았다. 그네들은 하나같이 당신에게 딸린 식구들을 위해서라면, 불타는 오뉴월 뙤약볕 속에서도 뻘뻘 김매고 열매를 땄으며, 세상의 모든 짐을 이고 진 채 비바람 몰아치는 언덕을 참 열심히도 오르내렸다.

그럼에도 오직 자식들 잘되기만을 빌면서, 그 어떤 보상이나 대가도 바라지 않은 채 그저 흙 속의 씨감자처럼 조용히 소멸해 갈 따름이었다.

그러므로 장마가 오기 전 햇감자를 캘 때에는 더욱 그 어머니가 진한 그리움으로 다가오게 마련. 호미나 쇠스랑으로 두둑을 파헤쳐 감자 줄기를 한 움큼씩 들어 올릴라치면, 거기에 주렁주렁 매달린 탐스런 감자알들이라니! 그 알들이 바로 당신이 낳은 자식새끼들이 아니고 무엇이랴. 그 옹골찬 확대 재생산의 결실이 어찌 썩어 문드러진 어머니의 헌신에 비유되지 않으랴.

그래서 그런지 감자는 정말 쓰임새가 많은 식품이다. 동서양을 막론하고 그토록 두루 애용되는 먹을거리도 퍽 드물 터이다. 남미 쪽이나 아일랜드, 러시아 같은 유럽 여러 나라는 주식이 아예 감자로 통할 만큼 중요한데, 지난날 우리의 경우에도 결코 그에 뒤지지 않았다고 여겨진다. '강원도 감자바위'라든가 '인생이 곧 감자다' 따위의 우스개로 미루어 봐도, 해당 지역을 포함한 척박한 이 땅 여기저기에서, 우리가 얼마나 많은 감자를 심고 가년스레* 먹어 왔는지를 너끈히 짐작하고도 남음직하다.

감자를 주재료로 한 요리들은 또 어떤가.

한국인이 즐겨 먹는 얼큰한 감자탕을 비롯해서, 조림이나 부침개, 국, 떡, 옹심이수제비, 볶음은 물론이고, 심지어는 피자라든가 카레, 크로켓, 샐러드, 베이컨 말이 등에도 감자는 빠질 수 없는 식재료로 이용된다. 고속도로 휴게소에서 사 먹는 버터구이 감자의 고소한 맛도 일품이지만, 종이봉투에 담긴 감자튀김을 극장에서 사랑하는 이와 함께 주전부리하는 것도 빼놓을 수 없는 재미.

하지만 재래식인 내 입맛에는 뭐니뭐니해도 양은솥에서 폭

• 가년스럽다 : 몹시 궁상스러워 보이다.

신하게 쪄낸 햇감자의 혀에 감기는 구수함, 또는 그 뽀송뽀송한 싱그러움이겠다.

감자는 예술작품에도 즐겨 등장한다.

찌든 가난에 몸을 팔지 않으면 안 되는 김동인의 단편 〈감자〉도 가슴 시리지만, 저 불세출의 화가 고흐가 남긴 〈감자를 먹는 사람들〉을 유정하게 들여다보노라면, 우리보다 훨씬 문명이 앞섰던 유럽에서도, 남루한 배고픔은 도통 어쩔 도리가 없었던가 싶다.

거무스레한 램프 아래에서 거친 감자요리를 먹고 있는 다섯 명의 가족들 실루엣이 어떤 비장미마저 은연중 자아내는 그림. 감청빛 나는 색채에 집중하느라 인물들의 형태만을 더욱 부각시키면서 그 머리와 손들을 매우 섬세하고 정성스럽게 그려 낸, 고흐의 고뇌 어린 삶의 한 단면을 속 깊이 헤아려 볼 수가 있다.

그런데 이렇듯 여러모로 유익한 감자가 때로는 표독스레 성깔을 부릴 경우가 있다.

지상의 모든 생명체는 저마다 적당한 독(毒)을 품고 있기 십상인데, 독사나 독버섯 같은 '독' 자 돌림은 으레 그렇다 치더라도, 우리가 즐겁게 상식하는 감자 같은 식물성 식품에도 자칫 치명상의 독소가 숨어 있다는 것. 수확한 감자를 햇빛에 너무 오래 노출시킨다거나 보관상태가 좋지 않을 경우, 아린 맛이 나는 솔라닌 성분이 괄게* 증가하면서 독기 어린 싹이 나고, 표면이 시퍼런 녹색으로 변하는 것이다. 이런 걸 잘못 먹으면 심한 호흡곤란이나 가려움, 위험한 식중독을 불러일으키니, 이 또한 신경 써서 마땅히 경계할 일이다.

그럼에도 감자의 사촌 격인 뚱딴지(돼지감자) 마저 요새 들어 뛰어난 항암식품으로 주목받는 걸 보면, 그네들은 이래저래 사방으로 바삐 굴러 다녀야만 하는 팔자인 성싶다.

• 괄다 : 화력이 세다. 또는 성질이 거칠고 급하다.

마늘 냄새

마늘 농사가 어렵다더니, 직접 지어 보자니까 정말 그렇다.

지난해 늦가을, 시장에서 씨알이 굵은 놈들을 골라 와서 그루갈이로 흙을 일구고 둔덕을 만들어 일일이 파 심었거니와, 그 뒷감당도 여간 까다롭지가 않았다. 냉해와 잡초, 병충해를 미리 대비한 비닐멀칭까지 씌워 주면서 모진 한겨울 어렵사리 넘기며 가꿨는데, 막상 올 초여름 수확철이 돼 그걸 캐려 하자 그 생긴 모양새가 영 말씀이 아닌 것이다.

그 마늘 알들을 심기 전 나는 퇴비와 밑거름으로 땅을 살지게 한 뒤, 유난히 추위가 심한 산골 한파를 막고자 마른 볏짚도 성기게 덮어 주었으며, 새봄 햇살이 따사로워지자 볏짚을 또 벗겨 내고선 수시로 호미질한다, 영양가 높은 추비를 보강한다, 호들갑스레 마늘밭 드나들기에 바빴다. 그런데 그 알맹이가 겨우 도토리 똘기*만 하니 어찌 쯧쯧 허망하지 않겠는가.

· 똘기: 채 익지 않은 과일.

물론 그것들이 샛노랗게 새잎을 틔우면서부터 누린 즐거움은 결코 작지만은 않았다.

"야, 요놈들이 모진 추위 이겨 내고 용케 싹을 내밀었네? 역시 조선인의 기백을 그대로 빼어다 박았구나. 장하다, 마늘!"

우선은 눈보라의 혹독한 시련을 그대로 이겨 낸 질긴 생명력을 찬탄하기에 바빴고, 그 노오란 싹이 떡잎을 이루어 제법 옹골차게 줄기를 만들면서는 냉큼 줄기째 뽑아내, 아직 여물지 않은 풋풋한 뿌리와 잎사귀를 막된장에 쿡, 쿡 찍어 먹기에 바빴다. 그럴 때마다 입 안 가득 알싸하게 퍼지는 풋마늘의 향취라니!

바로 이 맵싸한 생 맛을 즐기기 위해 나는 힘들여 마늘을 심었던 건지도 모른다. 눈물이 쏙 빠질 만큼 맵고 아리도록 꽉 차게 여문 놈이 아닌, 조금은 덜 익어 여릿한 상태의 풋마늘을 깨물어 먹는 재미는 유달랐다. 그것은 마치 상큼한 박하사탕을 엉겁결에 콱 깨문 듯한, 아니면 시원한 얼음 알갱이를 와삭와삭 씹어 대는 듯한 묘한 식감을 선사한다. 거기에 마늘 특유의 아릿한 휘발성 냄새마저 적당히 뿜어 준다.

기왕에 냄새 이야기가 나와서 하는 얘긴즉, 외국인이 우리한테서 가장 먼저 맡는 게 바로 이 마늘 냄새라고 한다. 그러나 그들한테서 나는 그네들 특유의 체취는 또 어떤가. 서양인이나 일본, 인도, 중국인들을 하나하나 따질 것도 없이, 그들한테서도 적당히 역겨운 돼지기름 냄새, 썩은 향수나 카레, 버터 냄새, 심지어는 비릿한 생선 냄새 같은 걸 숙명처럼 맡게 되지 않은가 말이다.

하지만 마늘이 세계의 장수식품, 최고의 건강식품으로 회자되고부터는, 이 고약스런(?) 냄새마저도 이제는 별 문제가 아닌 쪽으로 치부하는 모양이다. 걸핏하면 우리더러 '이 마늘 내나는 조센징'이라 한껏 조소하고 능멸해 쌓는 속 좁은 일본인은 물론이고, 저 콧대 높은 서양인들까지 갖가지 마늘요리를 즐기며 그 예찬을 억수로 늘어놓는 걸 보면, 역시 마늘이 좋긴 좋은 식품임에는 틀림없어 보인다. 오죽하면 '요리해서 먹는 페니실린'이라고까지 노래하겠는가.

잘 따지고 보면 딴은 맞는 표현일 수도 있겠다. 마늘의 대표성분이라고 할 알리신은 살균이나 항균작용이 탁월해서 식중독균과 헬리코박터균을 박멸한다. 뿐만 아니라, 유기성 게르마늄과 셀레늄 성분은 심지어 암마저 억제한다고 알려져 있다.

정력 증진과 성기능 강화는 물론, 혈압과 혈중 콜레스테롤을 조절하면서 혈액순환을 촉진시키고, 신경안정과 진정효과도 뛰어나다고 한다.

그야 어쨌든, 다른 여러 민족이 아무리 마늘을 좋아하는 추세라 해도, 세상에서 우리보다 더 마늘을 즐기는 민족은 아마 따로 없으리라. 반찬 문화가 유달리 다양하게 발달한 탓인지는 몰라도, 주식(主食)을 제외한 우리의 모든 찬거리 음식에는 거의 이 마늘이 착실하게 다 들어가기 때문이다.

탕이나 찌개, 갖가지 국에서 김치와 불고기와 나물류에 이르기까지, 끓이고 볶고 지지고 데치는 숱한 음식 조리에 거의 이 마늘이 섞여 들어가지 않으면 고유한 '한국의 맛'이 우러나지 않는 것이다.

그러므로 우리의 단군신화에 마늘 이야기가 나오는 건 결코 우연의 소산이 아니다.

내가 농사지은 첫 마늘 알이 왜 이리 도토리처럼 작은가를 동네 어른에게 뒤늦게 여쭤 봤더니,

"때를 놓쳐 심었슈. 그렇게 적기를 놓치믄, '벌(罰) 마늘'이라고 해서 씨알이 작어유!"

여지없이 면박을 주신다.

농사는 '절대 때를 놓치지 말라'는 경고. 무슨 농사든 이제는 정녕 때를 놓치지 않으리라 다시금 부질없는 뒷북으로 다짐해 본다. 이 강다짐이 얼마나 오래갈지는 또 모르지만.

왜

흙으로 돌아가는가

여름날의 흙 속은 개미 천국이다.

아니, 흙 바깥의 배나 사과나무, 고추밭에도 개미들은 지천으로 깔려 있고, 심지어는 죽어 나자빠진 지렁이나 뱀의 사체, 개 밥그릇까지 그악스레 점령한다. 한순간도 쉬지 않고 움직이는 놈들의 악착스럽고도 맹렬한 생존본능은, 지상의 그 어떤 야생보다도 드센 악돌이*라 할 터이다.

밟으면 밟을수록 다시 살아나는 놈들의 개체 수는 아마 저 푸른 바닷속 물고기나 억수 풀들보다도 더 많을지 모르겠다.

올봄에 뿌린 퇴비 때문일까?

여러 해 동안의 음식쓰레기(식재료 나부랭이나 잡초까지를 포함한)를 삭혀 만든 두엄더미를 땀 흘려 삽질해서, 모처럼 유기

---

* 악돌이 : 악을 쓰며 모질게 덤비기 잘하는 사람.

농 농사꾼인 듯 풍성한 텃밭을 일궜는데 결과는 영 아니다. 마음 기울여 심고 가꾼 상추와 치커리, 고추, 오이, 가지, 토마토가 그놈의 개미떼 등살에 맥을 못 추는 것이다.

개미들이 왜 이리 들끓는지 그 이유를 곰곰 캐봤더니, 다름아닌 퇴비 탓이라는 결론이다. 발효가 잘된 묵은 것만을 따로 분리해 써야 하는데, 어리석게도 발효가 거의 안 된 요새 것을 한데 뒤섞어 썼던 까닭이다. 어쨌든 흙 속에서 함께 썩어 밑 좋은 거름으로 작용하겠지 싶었던 게 그만 개미들의 기막힌 밥이 될 줄 어찌 어림짐작이나 했겠는가.

기왕 퇴비 이야기가 나왔으니 하는 얘긴데, 거름 중에서 가장 좋은 건 역시 똥이지 싶다. 적당한 풍화와 발효과정을 거친 똥거름은 땅이나 작물을 동시에 살지게 하는 데 그렇게 안성맞춤일 수가 없다. 일찍이 '똥은 밥이다'라고 노래한 어느 시인의 늡늡한* 탁견은 그대로 백 번 옳고 켯속 깊거니와, 온갖 먹을거리를 달게 섭취한 사람(다른 동물까지도 포함해서) 똥의 거름으로서의 선순환(善循環) 이야말로 우리가 세상을 살아가는 존재이

---

* 늡늡하다 : 성격이 너그럽고 활달하다.

유 그 자체인지도 모른다.

어렸을 적 막대기 움켜쥐고 뒷간에 달려가 용써 똥을 눌라치면, 그 똥 빼앗아 먹으려 아귀아귀 달려들던 그 똥돼지의 왕성한 식탐이라니! 그렇게 사람 똥을 먹고 자란 놈들의 고기 맛이 참 깊고도 쫄깃한 '토종'이었음을 아득한 그리움으로 떠올려 본다.

어쨌든 시간이 흐를수록 개미 녀석들의 기세는 더욱 살기등등해서, 채 분해되지 않은 미생물을 먹어 치우느라 땅 껍질이 볼썽사납게 여기저기 함부로 부풀어 오른다. 그게 너무 강밭은 데는 대뜸 날 센 쇠스랑이로 갈아엎기도 하고 독한 개미약 분무기를 마구 뿌려 보기도 하지만, 그때 그 일대만 잠깐 스러지는가 싶다가 이내 도로 아미타불이다. 개미떼는 그렇게 한여름 흙의 나라를 귀살쩍게 누리며 지배한다.

그러나 우리가 일용할 양식은 놈들의 이런 드센 해코지를 적당히 피해 가면서 무럭무럭 잘 자라난다. 뙤약볕과 세찬 비바람을 전량 받아들이면서, 튼실한 뿌리와 열매의 알찬 먹을거리를 생산하느라 결코 한눈팔 새가 없다.

그중에서도 줄기와 잎과 꽃숭어리가 유독 눈에 띄게 무성한 것들이 있는데, 그것들은 영락없이 땅 주인의 따뜻한 손길과 마음을 한 줌 에누리 없이 그대로 반영한다. 그가 얼마나 정성 들여 물과 거름을 주고 흙을 북돋았는지, 어떻게 김을 매고 해충을 물리치며 거센 돌개바람까지 막아 주었는지를!

그러면 그는 아주 미덥고 흡족한 표정으로 그 들판을 휘둘러보며, 흙이 왜 모든 '생명의 어머니'인지를 새삼스레 깨닫고 감격하지 않을 수가 없다. 그렇다. 무릇 생성할 것은 무럭무럭 생성케 하고 썩고 소멸할 것은 또 가차 없이 그렇게 만드는 여름은, 진정 위대한 계절이 아닐 수 없다.

그리하여 흙은 결코 거짓말하지 않는 순정한 진실의 모태임을, 먹고 마시고 숨 쉬며 살아가는 뭇 목숨의 원천임을 어찌 온몸으로 받아들이지 않을 것인가. 일찍이 성경에서도 흙으로 사람을 빚고, 흙으로 새와 나무와 온갖 생명체를 빚었다 하였나니, 모름지기 흙은 가장 흔하면서도 귀하고, 귀하면서도 흔한 지상의 가장 큰 성역(聖域)이 아닐 수 없다.

한 톨의 밀알이 그 흙에 들어가 썩으면 얼추 180개쯤의 새 열매로 거듭난다고 한다. 다른 씨앗들도 거의 마찬가지. 그것이 한두 해도 아닌 영원성으로 퍼지고 쌓인다 유추할 때, 그 흙과 씨앗들은 얼마나 많은 꽃과 열매와 양식을 우리에게 약속하며 은혜를 베풀고 있는가. 얼마나 많은 인간과 개미와 동, 식물과 우주만물이 그 위대한 섭생의 선순환으로 삶과 죽음을 되풀이하는가.

그러므로 우리가 죽는 것은 단순한 죽음이 아니다.

굳이 '세상 모든 게 나와 닿아 있다'는 화엄(華嚴)의 관점이 아니더라도, 이승의 삶을 끝낸다는 건 곧 살아 있는 지상의 누군가를 위해 썩은 밀알이 되겠다는 의미이다. 우리가 아주 쉽게 밟아 죽이고 때려 죽였던 개미나 파리의 밥이 되겠다는 뜻이며, 우리가 나날의 일상에서 먹을거리로 삼았던 모든 것들의 새로운 씨앗이나 거름으로 거듭나겠다는 거룩한 생명 의지이기도 하다.

그러니 어찌 개미 같은 미물의 삶조차 가벼이 여길 수 있을 것인가. 저 높은 하늘에서 지상을 내려다보면, 만물의 영장인 인간도 한낱 작고 불쌍한 개미에 불과한 것을!

풀이 약이다

한여름 날의 시골살이에서 가장 각다분하게 버겁고 힘든 일은
아무래도 풀과의 전쟁이 아닐 수 없다.

그것도 비가 무시로 잦은 장마철 무렵이면, 잡초는 마치 거침
없는 제 세상을 만난 듯 감사납게 펄럭이며 뿌리와 잎과 줄기를
산지사방으로 맘껏 내뻗치는데, 농부들은 이를 적시에 잡고 물리
치기 위해 등골이 휜다. 논밭에 씨앗 뿌리고 모내기하기 전 미리
풀막이 작업을 마친 뒤끝임에도, 후줄근히 비 맞은 그 땅은 마치
'만수산 드렁칡'이 뒤얽히듯 온갖 잡초로 봉두난발인 것이다.

그러면 땅 주인은 또 어김없이 사그랑이처럼 늙어 가는 등짝
에 출렁이는 제초제 통을 짊어지거나, 전신을 사시나무 떨듯 덜
덜덜 떨게 만드는 묵직한 예초기를 돌려 대지 않으면 안 된다.
돌처럼 내리누르는 그 벅찬 무게를 고스란히 등에 진 채, 습기
찬 장마 뒤의 땡볕 속을 한바탕 팔게 휘젓고 나면, 온몸은 소나
기 같은 비지땀으로 흠씬 젖고 만다. 거기에 톱밥처럼 무수히
달라붙은 풀 티라든가 가쁜 한숨 따위는 너무나 당연한 노릇.

그럼에도 나는 애당초 살풍경한 제초제만큼은 싫어, 여기 함 박골에 둥지를 틀고부터 자발없는* 그 장담부터 보란 듯 앞세웠 다. 그랬더니 우연찮게 들른 아래뜸 한 노인은,

"허, 참. 그 뜻은 가상스럽소만, 약 안 치고설랑 농사짓는 기 어디 그리 쉽나유? 어림 없슈."

대뜸 안타까운 혀부터 차고 나오셨다. 나도 지지 않고 고집 스레 다시 대꾸했다.

"아무리 어렵고 힘들더라도 유기농 친환경 농법으로 갈 거구 먼요. 땅을 죽이고 사람도 죽이는 그 독한 약농사만은 절대!"

"허허, 참. 어디 한번 해보시구랴. 그렇게만 된다면야 그 참 살인가 뭔가, 더 이상 바랄 게 없지유."

"그럼은요. 이런 깊은 산골까지 들어와서, 화학적으로다 농 사지을 순 없지요."

하지만 내 터무니없는 장담은 초장부터 보기 좋게 망신을 당 하고 말았다.

땀과 열정으로 살지게 채마밭을 일구어, 거기에 칸 맞춰 여

---

* 자발없다 : 행동이 가볍고 참을성이 없다.

남은 가지 채소 씨앗과 모종들을 골고루 뿌리고 옮겨 심은 것까지는 아주 좋았으나, 뽀얗게 솟아오른 그것들과 함께 쑥쑥 동행하는 무수한 잡초 무리가 그만 벌린 입을 다물지 못하게 하더라는 얘기.

처음엔 보이는 대로, 닥치는 대로 바지런히 뽑아내며 호미질하기 바빴지만, 하룻밤 자고 나면 금세 새 잡초가 돋아나는 데에는 당최 당해 낼 재간이 없었다.

그해 처음 시도한 더덕농사엔 동네 아낙들 일손까지 서둘러 빌려 와서 잡초를 뽑아 댔고, 이듬해에도 역시 또 그렇게 정성을 쏟아부어 댔지만, 짐짓 다른 일에 한눈팔려 잠시 때를 놓친 세, 네 번째 해에는 무성한 잡초더미가 아예 수확을 앞둔 뿌리와 덩굴마저 억세게 집어삼키는 바람에, 무공해 친환경 농법의 더덕농사는 결국 참담한 실패로 끝나 버리고 말았다.

그 이후 나는 아예 이 못된 풀들과 친구하기로 마음을 다시 고쳐먹었다. 콩이나 감자, 더덕, 옥수수 따위를 심던 밭에는 매실과 대추, 밤나무 같은 유실수를 심어 작은 과수원처럼 바꾸고, 그 밑으로 해마다 어김없이 솟아오르는 무성한 잡초는 적당히 때를 맞춰 예초기로 잘라 내니, 이보다 더 좋은 퇴비는 달리 찾아볼 수가 없을 지경이었다. 그러다 보면 풀들도 제풀에 지쳐 지레 숨이 잦아들어, 오히려 이쪽에서 더 풀이 자라나기를 기다리는 이상한 역전현상이 생기기도 했다.

어디 그뿐인가. 그런 웅숭깊은° 애정의 눈으로 야생 잡초를 바라보니, 두렁이나 길가에 아무렇게나 돋아난 하찮은 들꽃, 풀 한 포기도 저마다 '약초' 아닌 게 없었다.

이를테면 쇠비름이라는 잡초 하나만을 놓고 보아도, 그 약성이 이만저만 많은 게 아니었다. 우리 인체의 필터인 신장에 염증이 생겼을 때 푹 달여 먹으면 금방 효과가 발휘될 뿐 아니라, 방광염이나 임질, 대하증, 갈증이나 산후 출혈, 질 수축에도 적절히 힘을 보태는 건 물론, 기생충 박멸에까지 이 하찮은 야생 잡초가 동원되었다.

함부로 발에 밟히는 질경이나 민들레, 명아주, 쑥, 방동사니, 애기똥풀, 제비꽃, 바랭이, 도꼬마리, 돌피, 별꽃, 망초, 씀바귀, 엉겅퀴 등의 갖가지 야생초 역시 그 쓰임새를 유심히 살펴보자면, 훌륭한 건위제와 이뇨제, 관절, 신경통약으로 널

• 웅숭깊다 : 생각이나 뜻이 크고 넓다.

리 쓰인다는 걸 쉬 알 수 있게 된다. 거기에 잃어버린 입맛도 일거에 싹 바꿔 주는 뛰어난 건강식품이라는 사실까지도 덧보태어진다.

하다못해 개망초, 엉겅퀴 같은 여린 잎도 된장에 살짝 나물로 무쳐 먹으면, 그렇게나 싱그러울 수가 없다. 특별한 맛이랄 것도 없으면서 또한 맛있는 묘한 여운인데, 엉겅퀴의 경우에는 그 가시센 모양새 탓인지 관절염에 좋다는 속설로 해서 뿌리까지 남김없이 달여 먹는다.

고장 난 관절이나 척추에 좋다는 약성은 우슬이라 불리는 쇠무릎만한 게 또 없다. 밭두렁이건 텃밭, 화단이건 한번 뿌리 내리면 무섭게 땅을 움켜쥐는, 소의 무릎처럼 생긴 줄기의 마디 생김새로 해서 한때 뼈 질환 환자들한테 그 성가가 꽤나 치솟은 적이 있는데, 그런 맹목의 우둔한 믿음이 조금은 어리석게 비친다 하더라도, 유난히 강인하고 질긴 야생의 풀들일수록, 그만큼 약성이 좋고 사람 몸에 아주 유익하다는 점만은 고맙게 다시 인식해야겠다.

자세히 알고 보면, 우리의 들과 산, 길섶에 솟아나는 그 흔해빠진 풀들이 거의 약초 아닌 게 없는 것이다.

잡초 전쟁

윤 노인이 돌아가셨다.

"아니, 왜? 그 멀쩡하시던 양반이?"

"해질 무렵, 농약통 지고 논에 나가셨다는 거야. 근데 한밤이 돼도 돌아오시질 않아, 그 댁 할멈이 119 불러 죄 뒤지고 다녔는데, 벼이삭이 누렇게 익어 가는 논 한가운데에 벌렁 엎어져 계시더라는구먼."

말을 전하는 황 씨는 어이없는 표정으로 씁쓸하게 혀를 찼다.

당혹스럽기는 나도 마찬가지였다. 바로 엊그제까지만 해도 굴다리를 마주한 그 집 앞 길가에서 그 윤 노인과 이런저런 환담을 살갑게 나누었기 때문이다. 인생 덧없고 무상하다는 걸 또 가뭇없이 실감한다. 하긴 그렇듯 허망하게, 농담처럼 세상 뜨신 분이 어디 윤 노인뿐이랴.

한쪽 가랑이 바지를 무릎까지 말아 올려 걸치고, 곧잘 이 산 저 산으로 느릅나무 껍질 벗기거나 뱀 잡으러 다니던 저 먹뱅이 김 씨도 어느 날 또 그렇게 바람처럼 가셨다.

윤 노인 횡사를 가슴 시리게 전하는 이 황 씨네 돌아가신 큰 형님은 또 어떻고?

내가 여기에 터를 잡은 초기, 거의 매일같이 우리 집에 놀러 와선 감자, 고구마는 어떻게 고랑 내어 심고, 부추, 무 씨앗은 또 어떻게 흙 일구어 뿌리고 … 하면서 내 서툰 농사일을 세세히 가르쳐 주시던 분이었는데, 그이 역시 여기저기 안 아픈 데 없이 시름시름 앓다가 어느 날 문득 휑하니 가시고 말았다. 병명은 간경화라고 했지만 내가 미루어 짐작하기엔 농약이 시나브로 몸 속에 쌓인 게 더 치명적이었다는 결론이었다. 뱀잡이 김 씨나 황 씨 큰형님 등의 동네 노인들은 하나같이 그 무겁게 뒤뚱거려 출렁이는 농약통을 일상으로 등에 지고 다녀서이다.

선량하고 바지런한 황 씨 큰형님은 잡초들이 우거지는 철이면 어김없이 약통 메고 나타나,

"조져 버려야 혀. 풀이든 해충이든 초장에 조지지 않으면 농사 다 망치는 겨!"

자기네 논밭으로, 밤나무 산으로 서둘러 들어가기 일쑤였다. 이마를 찌푸린 내가 혹 "그러다가 사람 망치고 흙 망치면 더 큰 손해지요"라고 소심하게 항변이라도 할라치면,

"그 뭐이냐, 친환경인가 유기농인가 하는 거, 그거 말짱 헛거유. 그이들도 이 농약을 살짝살짝 남모르게 치지 않으면 절대 농사 못 짓는다니께. 우리보담은 쬐끔 덜 칠진 몰라도, 약 안 치고 으떻게 그 많은 잡초, 해충을 배겨 내?"

어쩌구저쩌구 말씀이 많으셨다.

윤 노인의 불상사를 알린 황 씨는 또 어떤가?

우리 집 주변의 빈 땅 빌려 온갖 작물을 짓는 그이는, 시도 때도 없이 독한 제초제와 살충제 뿌려 대기에 바쁘다. 같은 값이면 단번에 싹 없애 버려야 한다면서, 서너 차례 나눠 써야 할 약병을 한꺼번에 확 쏟아붓기도 예사.

그리고는 방독 마스크도 쓰지 않은 채 뿌우연 그 분무의 안개 속에서 태연히, 꽤 오래도록 설쳐 댄다. 농약 살포시 최소한의 방비책인 장갑이나 마스크조차 쓰지 않는 건, 농촌 주민들의 아주 흔한 일반 현상이다.

아무튼 한여름의 무성한 잡초는 모든 농부들의 가장 큰 골칫거리가 아닐 수 없다. 그래서 나도 두어 번 시내 농약상회를 찾아,

"밭두렁과 계곡으로 내려오는 칡넝쿨이 너무 험하네요. 잡목

이나 바랭이 같은 잡초, 칡뿌리까지 싹 없앨 강한 제초제는 없
나요?"

하소연하듯 상담하면, 그 주인들은 어김없이 장담하는 거
였다.

"왜 없겠어요. 이 약하고 이 약을 동시에 섞어 쓰면, 그놈의
질긴 잡초는 물론이고 웬만한 아카시, 소나무 뿌리까지도 싹
제거되지요. 한 3~4년은 너끈히 잡초 걱정 없이 지낼 수 있다
니께요."

하지만 소용없는 헛짓이었다. 애써 작심하고 농작물 없는 지
역을 골라 그 독성 강한 제초제로 벌겋게 물들이고 나면, 그 이
후 한두 계절만 겨우 약성을 유지할 뿐 이내 도로 제자리였다.

이듬해 봄이면 에누리 없이 잡초는 다시 자라나고 칡넝쿨은
감사납게 이리저리 얽혀 들었다. 놈들의 뿌리만은 결코 죽일
수 없다는 걸 실증으로 보여 주고도 남았는데, 설사 그때 뿌리
나 잎, 줄기가 싹 타죽었다 해도, 농약에 면역된 놈들은 또 어
떻게든 칡과 잡목, 잡초의 씨앗으로 다시 살아나 날아들고, 새
로운 뿌리로 자신들의 잃어버린 땅을 앙세게 움켜잡는 거였다.

우리 인간의 수단, 방법이 악독해지면 악독해질수록, 놈들

은 더욱 큰 면역력으로 가탈 부리며 거기 맞춰 진화하고, 자신보다 더 크고 힘센 슈퍼 종자를 스스로 개발해 내는 거였다.

그제야 나는 순진한 어리석음에서 비로소 깨어난다.

맞아. 그리 간단히 놈들을 없애 버릴 수 있다면, 농약회사나 판매상들은 또 어떻게 먹고살아 갈 거냐구!

그러므로 잡초는 절대 죽지 않는다. 언제 어디서나 신의 자식처럼 더욱 당차게 부활하고, 늘 새로운 목숨으로 거듭난다. 거듭나는 걸 쉼 없이 되풀이한다.

동물의 왕국

우리나라 역대 대통령들에게 텔레비전 프로그램 중에서 무엇을 가장 좋아하느냐 물었더니, 십중팔구 어김없이 '동물의 왕국'이라 대답했단다. 노벨평화상을 받은 김대중 대통령도 그랬고, 지극한 모성애의 여인 박근혜 대통령 역시 그랬다고.

인간의 공격 취향은 다 거기가 거긴 건 틀림없어 보인다. 대개의 사람들이 서로 살벌하게 잡아먹고 잡아먹히는 동물들의 저 치열한 생존본능의 공격성을 다 함께 즐기며 환호한다. 나 또한 이에서 크게 벗어나지 않거니와, 타는 가뭄으로 강바닥이 쩍쩍 금이 가는 극한 상황이거나, 아프리카 사바나 같은 원시 자연 속에서 여과 없이 드러나는 그 맹수들의 적나라한 사냥 장면은, 전율 어린 흥분과 알 수 없는 쾌감을 절로 불러일으키고도 남는 데가 있다.

끔찍하게 슬프면서도 스프링처럼 흥분이 들뜨는 이 반사적인 속마음은, 우리 인간의 타고난 숙명이며 업보를 그대로 대변하는지도 모른다. 다윈이 《종의 기원》에서 쓴 표현대로, '인간의 본성은 손톱과 발톱이 피로 물든 약육강식과 적자생존이다'라는 말이 너무나 절묘하게 들어맞는다.

따라서 나는 우리 인간의 본성을 그저 순하고 착하게 보는 맹자의 성선설보다는, 순자의 성악설에 더 무게를 두는 편이다. 물론 이 두 가지를 거의 반반씩 갖고 태어나는 게 맞다고 내 나름대로는 해석하고 있지만, 이 또한 어찌 단정해 뻗댈 문제이겠는가.

정교한 먹이사슬의 그물코에 따라 약한 먹잇감을 무자비하게 잡아먹으려는 잔혹한 적자생존의 법칙은 단지 저 거친 정글이나 사막의 야생에서만 펼쳐지는 게 아니다. 인간의 세계는 그보다 더 사악하고 교활하며, 때로는 야생보다도 훨씬 더 끔찍하고 잔인하다.

온갖 음모와 간계, 지혜로움을 가장한 모든 학식과 기술을 동원할 수 있는 머리 좋은 인간동물이야말로, 진정한 악의 소굴이며 불의 용광로.

아니, 저게 무슨 짓이야?

텔레비전 채널을 무심히 돌리다 말고, 나는 혼자 외마디를 내지르고 말았다. 짐승 같은 벌거숭이 두 사내가 서로 온 얼굴에 피를 철철 흘리며 뒤엉켜 있어서였다. 이른바 이종(異種) 격투기라는 '죽고살기' 식 투전판 싸움이었는데, 힘센 노예한테 굶주린 사자를 풀어 놓고 즐겼던 저 로마시대의 콜로세움 살풍경이 저랬을까 싶을 만큼 처절했다.

어허, 저러다가 한쪽이 뼈가 부러지거나 숨 막혀 죽는 거 아냐?

끌끌 혀를 차면서 다른 데로 얼른 채널을 돌리고 만 나는, 또 어느 결에 그 자리로 주춤 되돌리고 있다. 나도 모르게 그 피 묻은 동물들(?)의 잔혹사를 즐기려는 또 다른 내 모습이었다.

그래서 요즘엔 볼거리가 마땅찮을 경우 가끔씩 그 스포츠 전문 채널 쪽으로 문득 달려가게 되는데, 어느 날엔 거의 진종일 이 격투기만을 오롯이 생중계할 정도로 인기가 많다는 걸 나는 이제야 알았다. 복싱도 위험해서 자동 폐기될 거라는 소리를 들은 적이 있는데, 사람들은 어느새 그보다 훨씬 더 위험하고 처참한 격투기 쪽을 선호하게 된 모양이었다.

이게 정식 프로시합으로 도입된 지 벌써 20년이나 지났다는 사실을 안 것도 이즈음의 일. 아무튼 나는 오늘 또 어쩌다가, 지난 10년 동안의 헤비급(또는 무제한급) 경기 명장면만을 한데 모아 연속으로 보여 주는 한 프로그램에 꽂혔다. 이빨로 물어 뜯거나 손가락으로 눈을 찌르거나 생식기를 발로 차지 않는 등의 반칙만 저지르지 않는다면, 그 상대방이 두 손 들어 항복할 때까지 무한 공격할 수 있는 복수혈전의 이종격투기.

삼보와 킥복싱, 쿵푸, 주짓수, 무에타이, 레슬링, 태권도, 씨름, 가라테, 유도, 합기도 등 각양각색의 별별 특화된 무술로, 무차별 안면 강타는 물론 손과 팔꿈치와 무릎, 발차기까지 다 써서 혹은 메치고, 목 조르고, 찍어 누르고, 관절 비틀어 꺾고, 옆으로 날아 한 방에 녹다운시키기 등의 모든 공격수단을 다 동원하는 게 이 희한한 '인간의 왕국'인 것이다.

아무튼 동물 우리처럼 견고한 철망으로 둘러쳐진 링 바닥이 이미 시뻘건 핏자국으로 홍건할 만큼, 두 거인 선수들은 여전히 죽기 살기로 한데 뒤엉켜 붙었다. 아무래도 역부족인 한쪽 사내 얼굴은 해머로 짓이겨진 듯 엉망으로 피범벅인데, 그래도 항복할 생각은 전혀 없는 듯 저항이 치열하다. 온몸에 총천연색으로 문신된 그의 호랑이마저 흠씬 피에 젖어 있어 보기에 퍽이나 민망할 지경.

마침내 거인증 같은 험악한 고릴라 인상의 공격자 한주먹에 벌렁 뒤로 나가떨어진 호랑이는, 더 이상 일어서지 못한 채 그 대로 케이오 패. 약육강식의 적자생존이 단순명료하게 증명되는 잔인한 현장이었다.

지친 나도 괜스레 힘겨워 다른 데로 채널을 돌린다. 이번엔 동물의 왕국 다음으로 좋아하는 '세계는 지금'이다. 지구촌 어디에서 생긴 사건사고든, 즉시즉시 생중계해서 보여 주는 글로벌 시대의 방송 위력이 새삼 놀랍다.

그런데 이건 또 무슨 피의 아수라장인가. 저 중동 쪽 베이루트에서 자살폭탄이 터져, 죄 없는 민간인 백몇십 명이 한순간에 날아갔다 하고, 이슬람의 어느 못된 종파에 의한 참혹한 참수사건도 발 빠르게 보도된다. 엉뚱한 명분으로 이라크를 침공, 끝내 한 나라를 폐허로 만들었던 미국에선 테러공포에 휩싸여 뉴욕, 워싱턴 같은 대도시가 극도의 비상상태이며, 때아닌 폭설, 토네이도와 대형 산불까지 겹쳐 일어나 거의 전쟁에 가까운 대재앙이란다. 화면은 다시 꾸역꾸역 유럽으로 몰려드는 중동 난민들의 안타까운 행렬을 보여 주는데(이 또한 한때 그들을 식민지 삼았던 유럽의 인과응보인지 모르지만), 지구촌 곳곳에서 벌어지는 이 같은 약육강식 내지 적자생존의 인간본성이 참으로 귀살쩍도록 부끄럽다.

우리가 몸담고 사는 이 땅은 또 얼마나 저와 다르랴.

청년들은 일자리가 없다고 저리 아우성인데, 거대한 문어발 재벌 독식은 동네 구멍가게까지 야금야금 잠식해 들어간다. 하루가 멀다고 생겨나는 엽기적인 살인사건과 패륜범죄들, 별의 별 종말 현상들이 그치질 않는 이 야만의 시대에, 우리는 과연 앞으로의 어두운 미래를 어떻게 헤쳐 가야 할 것인가?

어두운 밤, 길 잃은 숲속의 들고양이가 암상궂게 울어 댄다.

염소는
외눈박이

여기 함박골에서 나와 가장 가까운 친구는 단연 '호두'이다.

유난히도 큰 귀가 양 갈래로 축 늘어진 코커스패니얼 종의 애완견. 60센티미터 정도의 몸길이에 12킬로그램쯤의 무게를 가진 이 암캐는, 윤기 반지르르 흐르는 호두색 털빛의 겉모습이야 꽤 그럴 듯한 애완견으로 보일지 모르지만, 처음부터 거친 바깥마당에서 야생으로 자라 온 그 속내는 거의 물불 안 가리는 사냥개에 가깝다.

워낙 이리저리 냄새를 잘 맡는 데다가, 산에서 내려오는 산짐승이나 버름하게° 낯선 손님한테는 그가 누가 되었든 다짜고짜 덤벼드는 습성을 갖고 있다.

이 영리하고 턱없이 용감한 녀석을 데리고 아침나절 산책길에 나서는 게 나의 작은 즐거움이다. 맞은편 개울 건너 암자로

• 버름하다 : 마음이 서로 맞지 않아 사이가 뜨다.

가는 비탈진 산길을 타고 한두 번 오르내리다 보면, 찌뿌듯하던 몸과 마음이 그렇게나 가뿐할 수가 없다. 깨끗한 숲이 내뿜는 청정한 공기를 듬뿍 들이마시며 호두 녀석이 이끄는 대로 이리저리 따라 걷다 보면, 지친 심신 속에 쌓여 있던 때도 말끔히 씻겨 나가는 기분이다. 명상과 운동이 동시에 이루어지는 일거양득의 효과라고나 할까.

그런데 문제는 오로지 '돌격, 앞으로!'만 치닫는 녀석의 저돌성이다. 때로는 좌우를 잘 살피면서 융통성 있게 주인 곁을 맴돌 법도 하건만, 성격이 워낙 단순하면서 산만하기 짝이 없는 이 녀석은 그저 앞으로, 앞으로만 냅다 달려 나가려는 것이다. 목줄을 꽉 움켜쥔 내 완력에 가쁜 숨을 헉헉 몰아쉬면서도, 여태껏 걸어온 길이 너무 힘들어 혀를 길게 빼문 채 더운 침을 질질 흘려 대면서도, 녀석은 여전히 쉬지 않고 오롯이 일직선의 '돌격, 앞으로'일 뿐이다.

그 거친 길 위에 행여 멧돼지 발자국이라도 어지러이 찍혀 있을라치면, 유별나게 냄새에 민감한 녀석의 '저돌'(猪突)은 거의 광기에 가까워지고 만다. 적이 나타나면 무작정 돌진하고 보는 게 멧돼지여서 '저돌적'이라는 말도 생겨났을 텐데, 녀석은 마치 그 상징성을 보란 듯 확 뒤엎어 버리기라도 할 기세로, 앞뒤 가리지 않고 냅다 앞으로 튀어 나가려 발버둥치는 것이다.

하지만 이들보다 훨씬 더 저돌적인 동물로 염소를 따를 자 또 누가 있을까? 아마 없거나 꽤 드물 거라고 본다. 염소는 거의 외눈박이라 해도 손색이 없을 만큼 오로지 한 가지 목표만을 위해 한곳으로 돌진하기 때문인즉, 그 고집불통의 단순성이나 각다분한 성깔은 절로 고개를 휘휘 내저을 지경이다.

운동장처럼 드넓은 마당에 막무가내 우거지는 풀들을 도저히 감당할 수 없어, 뜬금없이 염소를 키운 적이 있었다. 힘에 부치는 예초기를 찌는 뙤약볕 아래서 돌려 댄다거나 여러모로 고약스런 제초제를 풀풀 뿌려 대는 대신, 무한정의 풀 뜯기 선수인 염소를 거기에 놓아먹임으로써 건강 보양식을 담보하는 건 물론, 무공해 친환경의 제초 조건을 절로 달성할 수도 있겠다는 셈속에서였다.

아닌 게 아니라, 요즘엔 보기 드문 하얀 숫염소 한 마리를 마당의 풀밭 한가운데 말뚝에 매놓으니, 그 자체가 꽤나 정겹고 싱그러운 한 폭의 수채화였다. 그런데 시간이 흐를수록 조금씩 놈의 미운 구석이 발견되기 시작했다.

엄청나게 먹성이 좋은 이 염소 녀석은 애초의 내 기대대로 진종일 무성한 풀을 뜯어 줄 뿐만 아니라, 사료든 나무껍질이든 담배든 종이든, 어느 것이든 상관치 않고 마구잡이로 먹어 대는 거였다. 욕심 많은 녀석의 식탐이 너무나도 억세고 거친 나머지, 나는 차라리 목가풍의 살가운 동물이 아닌 어떤 무기질의 광물성을 마주한 기분이 들 지경이었다.

야무진 돌덩이 같은 뿔이라든가 유리구슬 같은 갈색 눈동자, 방정맞게 늘어뜨린 수염과 양철북처럼 탱탱한 뱃구레 따위가 영락없이 그랬는데, 그중에서도 특별히 내 신경을 거스르는 대목은 오직 한 방향으로만 치닫는 외눈박이 저돌성이었다. 그래서 하루에도 수십 번씩 말뚝에 칭칭 되감긴 그 줄을 번갈아 되풀어 주어야 했다.

"이 바보야, 저 반대쪽으로 다시 돌아가면 줄이 절로 풀리잖아!"

동동 야단치며 윽박질러 가르쳐 줘도 도로 아미타불이었다. 줄 길이가 대충 15미터쯤이니까 놈이 움직이는 전체 면적은 그 갑절을 차지하는 셈인데, 말뚝을 또 요령 좋게 옮겨 주면 풀밭이 골고루 다 제초되는 효과가 있긴 있으되, 도대체가 그놈의 줄 풀어 주기의 고역이 이만저만 귀찮고 성가신 게 아니었다.

하지만 이런 외고집의 '한 방향 달리기'가 어찌 어리석은 염소뿐이겠는가. 만물의 영장이라는 인간 중에서도, 염소보다 더한 외눈박이들이 우리 주변에는 얼마나 쎄고 쎘는가. 머리에 질끈 때 묻은 수건 동여맨 채, 입에 허연 거품을 앙다물고서 오로지 케케묵은 자기주장만을 되풀이해 외쳐 대는 저 시뻘건 극좌와 극우의 중뿔난 주먹들을 보라.

그들은 도무지 융통성 있게 타협할 줄을 모른다. 물불 안 가리는 적대감과 투쟁만을 서로 앞다퉈 일삼을 따름, 그 본질은 본디 한 뿌리에서 나온 것임을 왜 인정하지 않으려 드는지 모르겠다. 진보와 보수는 서로가 적대시해야 하는 철천지원수가 아니라, 우리 몸의 양팔과도 같은 상생의 날개가 아닐 수 없는데도 말이다. 한 집안의 엄한 아버지가 보수라면, 자애로운 어머니는 진보를 맡아야 할 역할분담인 것이다.

그럼에도 우리 인간의 얼굴에 달린 눈이 결코 하나가 아닌 두 개인 까닭을 그들은 왜 진정 깨닫지 못하는 것일까? 그래서 그게 또 어쩔 수 없는 우리 인간인지도 모른다.

붙어사는
목숨

꼬리치는 호두 녀석의 오른쪽 눈두덩에 뭔가 콩알만 한 게 붙어 있다.

"이게 뭐야?"

놀라 가까이 다가가 보니 진드기였다. 잔뜩 피를 머금어 통통하게 살이 오른 진드기의 색깔이 진보라보다도 더한 녹청 빛이어서, 소스라치게 징그러운 흉물이라기보다는 차라리 개울 옆에 저 홀로 피고 맺은 둥굴레나 노린재나무의 자잘한 열매 같기만 하다.

아니면 어느 돈 많은 유한부인의 손가락에 끼워진 비취반지의 청옥(靑玉) 알이거나.

그런데 그게 한두 마리가 아니라는 데 문제의 심각성이 있었다. 유난히 큰 귀의 안팎은 물론, 누런 잔디처럼 무성한 털 속 여기저기, 보드라운 살결의 뱃구레와 네 다리 사타구니를 중심으로 아무렇게나 달라붙어 피를 빨아 대는 진드기, 진드기들.

그래서 요 녀석 눈이 그리 떼꾼했구나.

여태껏 진드기들의 게걸스런 흡혈의 가려움에 시달렸을 호두가 안쓰러워서, 나는 서둘러 녀석을 끌어당겨 앞에 앉혔다. 그리고 면장갑 낀 손으로 직접 진드기들을 떼어 내 학살하기 시작했는데, 물컹하게 손끝에 잡히는 감촉이 그렇게나 징그러울 수가 없었다. 그것을 둥글납작한 돌 위에 올려놓고, 또 다른 돌날로 짓이겨 터뜨릴 때마다 팍, 팍 솟구치는 검붉은 핏덩이 또한 그랬다.

"야, 미안하다, 미안해. 그동안 얼마나 가려웠을까?"

나는 연신 녀석의 머리를 쓰다듬으며 진드기를 잡아 모조리 짓이긴 다음, 호두 전용 서랍장을 뒤져, 빗이며 연고 따위를 꺼내 털을 빗기고 약 발라 주느라 혼자 부산스러웠다. 그리고 중얼거렸다.

"사자를 쓰러뜨리는 건 다른 무엇도 아닌 미생물 바이러스나 기생충이라더니, 그 말이 정말 맞긴 맞네!"

사람 역시 마찬가지여서, 병을 얻어 죽는 인간은 눈에 잘 보이지 않는 바이러스나 몸에 붙어 기생하는 어떤 균(菌) 때문에 결국 쓰러지고 만다.

그리고 우리는 누구나, 깨끗한 성직자거나 공평무사한 법관, 지저분한 정치가, 장사꾼이거나를 가리지 않고, 저마다의 몸 안팎에 이 같은 작고 미세한 또 다른 생명체를 달고 살아가게 마련인데, 그런 각도에서 보자면 인간은 거의 모두 거기가 거기라는 생각마저 든다. 똑같은 이목구비가 달려 있고, 똑같은 비명 질러 태어나서, 언젠가는 똑같이 늙고 병들어 몸 안팎의 병균들과 함께 속절없이 죽어 간다는 것.

이치의 켯속이 그렇지 않은가?

좀더 외연을 넓혀 속 깊이 살펴보자면, 사람은 결코 혼자서는 살 수 없다는 지극히 상식적인 결론에 이른다. 누구나 누군가에 의지해서, 누군가의 도움을 서로 주고받으며 붙어사는 존재라는 것이다. '인간'(人間)이라는 어휘 자체가 '사람과 사람 사이'라는 의미를 속 깊이 함의하고 있음에랴.

꽤나 평범하게 두루 쓰이는 보통명사이되, 또한 움직일 수 없이 잡도리한 고유명사로 더 크게 작용하는 아주 독특한 낱말이 아닐 수 없다.

그런데 이 사람과 사람 사이에는 반드시 갈등(葛藤)이 끼어

든다는 게 문제의 핵심이다. 그침 없이 되풀이되는 사랑과 미움 속에서, 숙명과도 같은 이 애증은 먼지처럼 켜켜이 쌓이고 쌓여 결국 칡과 등나무처럼 얽히고설키게 마련인 것이다.

등나무는 오른쪽으로, 칡넝쿨은 왼쪽으로 칭칭 줄기 뻗어 서로 엉키는 성질부터가 정말 풀기 어려운 '갈등'을 상징한다. 그 농도와 심각성이 얼마나 험상궂고 가탈스러웠으면, 기생식물의 대표 격이라 할 칡과 등나무를 갖다 붙여 '갈등'이라 명사화했을 것인가. 그러므로 '인생은 오해이다'라는 까뮈의 작품 속 가르침도 하나 틀린 데가 없어 보인다.

거기에는 다 까닭이 있겠으되, 우선은 인간은 태생적으로 이기(利己)의 동물이라는 것.

두 손을 꽉 움켜쥐고 이승에 나올 때부터, 그는 벌써 아등바등 살고자 하는 본능 어린 욕심에 가득 사로잡혀 있다. 그래서 어머니의 젖을 흡혈하듯 그악스레 빨아 대고, 그래도 성에 안 차면 앙앙불락 소리쳐 잔밉게 울어 대지 않던가.

주고 또 주어도 모자란다 여기고, 얻어 마시고 또 마셔도 끝내 목말라 하는 존재, 그것이 바로 우리네 이기적 유전자인 것을.

그래서 그는 더 말할 필요조차 없이, 저를 낳아 준 부모(특히 어미) 한테 악착같이 기생하는 데에서 첫 삶을 시작한다. 철부지 코흘리개를 지나 학생 신분을 마칠 때까지, 아니, 군대에 다녀와 취직하고 결혼해 독립할 때까지(아마도 부모가 눈감기 전에는) 그는 한시도 그 품안의 그늘을 벗어날 수가 없는데, 그가 비록 어엿한 사회인이 되었다고 해서 기생의 숙명을 보란 듯 졸업한 것도 아니다.

이때부터는 이른바 공생(共生)이라는 꽤나 그럴 듯한 명분으로 저마다의 전문 직종에 종사하게 되지만, 그것도 냉정하게 따져 들어가다 보면, 서로가 얽히고설킨 기생관계에 놓여 있음을 금방 눈치채고 만다.

서로가 조금씩 이익을 보았다고 여기거나 착각하면서, 부모는 자식한테 매이고, 직장인은 동료와 상사한테, 생산자는 소비자한테, 여자는 남자, 남자는 여자한테 매이고, 거래처는 다른 거래처한테 서로 의지해 기생하거나 공생하며 다양한 방식으로 계속 거래하는 관계. 그것이 곧 우리가 더불어 살아가는 갈등의 인생살이가 아니고 무엇이겠는가.

연꽃과
모기 사이

연꽃과 모기 사이에 폭우가 있었다. 자고 일어나니, 어제 해질
녘 집 옆 작은 과수원 한 귀퉁이 둠벙에 옮겨 심었던 연꽃이 둠
벙째 왕창 어디론지 휩쓸려 가버리고 만 것이다. 내가 이곳으
로 둥지 틀어 산 이후 처음 생긴 폭우 피해였다.

한밤중 쉬지 않고 벼락 치던 천둥 번개가 아무래도 수상쩍었
다. 그렇게 불면으로 뒤척이다 겨우 잠든 신새벽, 광란의 집중
호우가 무섭게 내리 퍼부은 것이었다. 눈을 비벼 개울 쪽으로
시선을 돌렸을 때, 범람한 물은 놓치는 거대한 계단식 폭포가
되어 허옇게 이를 드러낸 홍수로 변해 있었다. 그리고 나는 다
시 내 눈을 의심했다.

"어? 저기가 왜 저래?"

개울을 끼고 산으로 올라가는 새 길이 온통 난장판이다. 그
길은 넘치는 물길을 고스란히 받아 주는 계곡으로 돌변해서,
함부로 깊게 패이고 찢어져 도저히 길이라고 할 수 없을 만큼

험상으로 망가져 있었다. 올봄 대판으로 벌목작업을 벌인 호두밭 위 10여 정보쯤의 산 임자는, 내가 평소 무릉도원이라 이를 만큼 울울창창했던 그 원시림을 마구잡이로 베고 실어 나르기 위해 비싼 대형 중장비를 들여 새로 길을 닦고 넓혔는데, 그 길이 몽땅 휩쓸려가 버린 것이다.

어디 그뿐이랴. 내가 정성들여 가꾼 맞은편 과수원(우리 가족이 약간 넘치게 자족할 만한 몇 그루씩의 복숭아와 배, 사과, 오가피, 매실뿐인)도 거의 절반쯤이 사납게 흘러든 토사로 푹 파묻혔을 뿐 아니라, 예의 그 둠벙(연꽃과 부레옥잠 따위가 심어진)까지 몽땅 흙에 파묻히고 쓸려가 버린 데에는, 그만 벌린 입이 다물어지지 않았다.

사실 그윽하고 탐스런 연꽃이 떠있는 작은 연못을 갖고 싶은 건, 이 함박골에 처음 들어올 적부터의 내 소박하고도 야무진 꿈이었다. 하지만 집 양쪽으로 멀고 가까이 Y자 모양으로 계곡이 흘러갈 만큼 물과 물소리가 풍족한 데다, 고여 있는 물은 모기가 창궐해서 절대 안 된다는 식구들의 반대가 워낙 드세어서 그만 가뭇없이 중동무이되고 말았다. 그랬는데 올봄 들어 문득 내 손으로 직접 연꽃 한 송이라도 긴절히 피우고 싶던 것이다.

서둘러 멀찍한 연꽃농장으로 달려가, 꽃 더미가 유난히 이쁘고 미덥다는 개량종 연근 다섯 뿌리를 사왔다. 덤으로 얻은 부레옥잠도 두어 줌 함께 움켜쥐고.

나는 우선 웬만한 욕조 크기의 플라스틱 통을 준비해 거기에 흰 페인트를 산뜻 칠한 다음, 아래 마당 샘가의 뽕나무 옆에 모셨다. 그리고 거기에 반쯤 고운 흙을 채워 넣고 정성껏 칸 맞춰 연근을 심은 뒤, 다시금 물을 적당히 찰랑거릴 만큼 채워 부레옥잠까지 띄웠더니, 영락없는 초소형의 어여쁜 인공연못이다. 보면 볼수록 스스로 대견하고 흡족해진 것도 물론이었다.

아침저녁 마당을 가로질러 다니면서, 나의 관심은 온통 그 연꽃 가꾸기로 모아졌다. 하루가 다르게 자라나는 쌈 채소나 상큼한 오이, 풋고추를 따 먹는 재미 못잖게, 샘가 한켠의 수조에서 고요한 수평 위에 함초롬히 떠있는 동그란 연잎들을 들여다보는 아취 또한 꽤나 정겹고 감미로웠다. 더러운 진흙탕에 뿌리박고 있으면서도 결코 거기에 오염되지 않은 채 해맑은 자비를 피워 올리는 연꽃. 정녕 아름답고 화려하되 결코 요염하거나 오만

•중동무이 : 하던 일이나 말을 끝내지 못하고 중간에서 흐지부지 그만두거나 끊어 버림.

하지 않은 그 수줍은 연꽃을 직접 가꾸고 기리는 행위 자체가 쏠쏠한 즐거움이었다.

그러나 그 기다림의 끝은 극성스런 모기떼가 더 먼저 차지했다. 아니, 모기가 되기 전의 엄청난 유충들이었다. 수많은 무당개구리 알은 무더운 한여름인데도 무한정 검은 올챙이떼로 부화했고, 정체를 알 수 없는 수중 아메바와 머리 푼 녹색 이끼까지 아무렇게나 덕지덕지 달라붙었다. 햇볕이 잘 들지 않는 나무그늘 밑인 데다가, 눅눅하게 젖은 장마철 뒤의 산속 습도가 이놈들의 끝 모를 창궐을 더욱 부채질하는 것 같았다.

식구들이나 모처럼 놀러 온 이웃들은 이구동성으로 아우성쳤다.

"어머나, 이거 안 치우면 온 집 안팎이 모기떼로 뒤덮이겠네!"

"연꽃 보려다가 사람 먼저 피 빨려 죽겠구먼. 빨리 치우셔."

그래서 나는 부랴사랴 물을 퍼 갈아 주고, 고정된 수조의 고인 물에 빛이 들게 하려 나뭇가지를 쳐주느라 법석을 피워 댔지만, 다 소용없는 짓이었다. 며칠 지나지 않아서 곧 모기떼 그악스런 원상태로 되돌아갈 따름이었다. 나는 이윽고 썩 괜찮은 묘책을 발견해 냈는데, 썩은 물의 인공수조를 없애는 대신 그

안의 연꽃을 과수원 귀퉁이의 작은 둠벙으로 옮기는 거였다.

왜 진즉에 기막힌 이 자리를 떠올리지 못했을까?

집에서 조금 떨어져 눈에 보이지 않는다고 해서, 또는 남들
이 볼 수 없이 외진 곳이라 해서 짐짓 모른 척 눈감아 버리지 않
았느냐는 자책마저 뒤늦게 싹텄다. 이 골짜기에서 봄소식을 가
장 먼저 알려주는 개구리 소리 들리는 곳, 어디선지 쉼 없이 물
이 스며들어 돌미나리가 자생할 만큼 마르지 않는 이 야트막한
둠벙에 튼실한 연근들을 옮겨 심고 나자, 그렇게나 안성맞춤일
수가 없었다.

장화가 푹 빠질 정도의 기름진 진흙바닥과 썩지 않는 물의 흐
름도 앞으로 연못다운 연못으로 일구고 가꾸는 데 더없이 좋은
조건으로 보였다. 오히려 집과는 저만치 돌아앉아 있어 더 비
밀스러운 나만의 공간이라는 것도, 어찌 보면 꽤나 괜찮은 흡
인력으로 여겨졌다.

그랬는데, 그게 하룻밤 사이에 그만 온데간데없이 사라져
버린 것이다.

장화로 바꿔 신고 서둘러 산을 올랐다. 걸음을 제대로 옮길 수
없을 만큼 온 산길이 결딴나 있다. 며칠 전의 태풍도 아무 탈 없

이 비껴갔는데, 불과 몇 시간만의 집중폭우가 이런 앙상한 참화를 불러일으키다니!

말썽 많은 기상이변이 확실히 눈앞의 현실로 다가온 것 같다. 올봄에는 늦도록 한파가 기승이더니, 한여름에는 또 유난히도 한밤중까지 숨이 턱턱 차오를 만큼 버거운 찜통 무더위였다. 지구는 그 껍질을 에워싼 대기층 때문에 물과 공기를 갖게 되었다는데, 이렇게 가다가는 그 물과 공기가 지구 밖으로 다 새어나가지 않을까 더럭 겁이 난다.

짐작했던 대로 산 밑의 우리 호두밭도 역시 아수라장이었다. 연꽃과 모기 사이에 엄청난 홍수가 있었다.

숲속에
길이 있다

아침에 눈 뜨자마자 동살이 터오는 매실밭 쪽부터 살폈다. 거기 나지막한 함박산 가시덤불 숲에서, 어떤 짐승이 밤새 오래도록 울부짖었기 때문이다.

힘센 다른 짐승한테 호되게 물린 것 같기도 하고, 인심 고약한 올무에 목이나 다리가 단단히 걸려든 것 같은 울음이었는데, 그 농도가 어찌나 처절, 절박하던지 우리 집 호두 녀석이 두어 번 컹컹 짖어 대다가 지레 겁을 집어먹고 슬그머니 꼬리를 사릴 지경이었다.

나도 화들짝 외등을 켜고 촉수 높은 랜턴 빛을 그쪽으로 비추어 댔지만, 놈의 억척스럽고도 안쓰러운 울부짖음은 도무지 그칠 줄 몰랐다.

도대체 무슨 종자의 야생이었을까? 울음의 색깔이나 질량으로 미루어 본다면 늑대나 표범 정도를 쉬 떠올릴 만도 하건만, 그들은 이미 이 땅에 서식하지 않으니 아마 너구리나 삵, 불여

우 따위일 터이다. 시도 때도 없이 떼 지어 내려오는 멧돼지나 노루, 고라니도 충분히 미루어 연상할 수 있겠으나, 놈들의 울음소리는 그리 드세게 날카롭거나 피 토할 듯 시뻘겋지는 않다.

그거야 어찌 됐든, 지난 밤 그 자리에 놈이 없으니 일단 어디론지 다른 숲속으로 살아 나갔다고 보아야 한다. 이미 목숨을 달리했어도, 그것이 그의 운명이고 생존의 법칙일진대, 내가 무엇을 어찌할 수 있을 것인가.

온 산천이 진한 녹색으로 물들기 시작할 무렵이면, 숲속은 그야말로 피 터지는 아수라의 전장(戰場)이다. 겉으로야 정녕 아름답고 눈부신 은혜의 초록물결이지만, 그 속으로 한 발짝만 눈여겨 들어가 볼라치면 참으로 무서운 뭇 생명들의 치열한 싸움터인 것을.

온갖 개미와 거미, 뱀과 지네와 벌, 나비, 새, 짐승들이 서로 물고 뜯고 치고 박는, 한 치의 양보 없이 먹고 먹히는 잔인한 사슬의 연옥인 것을!

그리고 예초기를 등에 진 나 역시 영락없는 한 마리 짐승으로 바뀐다. 장마철의 젖은 물기를 흠뻑 머금고 어른 키만큼이나 쑥쑥 자란 잡초들을 베어 내기 위함인데, 후텁지근한 열기 속에서 그 예리하고도 무거운 예초기의 소음과 진동에 한바탕 괄게 시달리고 나면, 온몸이 땀과 풀 티끌로 범벅이 돼버린다.

그렇듯 벌겋게 달궈진 얼굴로 예초기 지나간 자리를 뒤돌아보면, 거기 무자비한 살생(식물도 어엿한 생명일진대)의 흔적이 시원하면서 일매지게* 펼쳐진다. 사정없이 돌아가는 예초기의 날이, 풀이든 나무 싹이든 가시덩굴이든, 무엇이든 닥치는 대로 베어 없앤 결과이다.

그 예리한 칼날은 때로 톡 튀어나온 돌부리에 부딪쳐 부러져서, 주인의 가슴에 부메랑으로 되돌아 와 꽂히는 무서운 흉기이기도 하거니와, 그걸 뻔히 알면서도 밤나무와 매실, 호두나무를 지켜 내고 살지게 하기 위해선 어쩔 도리가 없는 노릇이다. 하지만 무수한 잡초와 그 밭에 기생하는 숱한 벌레들을 싹쓸이로 죽여 없애는 행위가 어찌 짐승스럽지 않다 하겠는가.

나는 다시 각다분한 제초작업을 계속한다.

그런데 눈앞 풀섶에서 화들짝 버둥대는 저건 또 뭐지?

• 일매지다 : 모두 다 고르고 가지런하다.

나는 더운 열기로 부옇게 김이 서린 보안경 너머의 움직이는 물체를 발견하고 흠칫 놀란다. 길 잃은 꺼병이나 산토끼?

아무튼 이 예리한 칼날에 속절없이 베이지 말고, 어서 너의 길을 찾아 갈 데로 가려무나. 나는 다른 쪽으로 서둘러 날을 돌리며 놈을 배려했다. 그러나 얼마 못 가서 다시 놈과 조우하지 않으면 안 되었는데, 새끼 고라니였다.

나는 곧 하던 일을 멈추고 놈에게 바짝 다가갔다. 작은 풀섶에 속절없이 갇혔을 뿐임에도 거기에서 좀체 벗어 나오지 못할 만큼 아주 여린, 낳은 지 겨우 사나흘 정도밖에 안 되었을 것 같은 새끼 고라니였다. 사위스럽게* 요란한 예초기 소리에 놀란 어미가 혼비백산하여 도망쳐 갔거나, 어디선가 그 어미를 잃고 길을 헤매는 미아이거나 할 터였다. 그러고 보니 얼핏 뇌리를 스치는 게 있었다.

어젯밤의 앞산 숲속에서의 그 핏빛 울부짖음은 바로 이놈을 잃어버린 어미 고라니? 나는 고개를 가로저었다. 초식성 들짐승은 그토록 처절하게 피 묻은 소리로 울지는 않으니까.

• 사위스럽다: 마음에 불길한 느낌이 들고 꺼림칙하다.

나는 서둘러 엄벙통에 빠진 놈을 조심스레 추슬러 안고 집 쪽으로 내달렸다. 아무리 어린 것이라지만 그래도 야생의 기운은 팔팔 살아 있어 긴 뒷다리 팔딱이며 울어 쌓는 놈의 저항이 만만찮은데, 모처럼 시골집을 찾은 아내와 딸의 놀람과 반가움의 탄성도 그에 못지않았다.

"아니, 이게 뭐야?"

"암튼 새끼는 다 귀엽다니까! 그런데 얘를 어떻게 기르지?"

그리고 그네들은 놈이 놀라지 않도록 이리 어르고 저리 달래면서 사방으로 나부대기 시작했다. 온밤을 밝혀 혼자 새끼 강아지를 받아 낸 적도 있는 딸내미는 무엇보다도 놈을 안정시키는게 우선이라면서 연신 머리 쓰다듬어 분유 먹이기에 바쁘고, 아내는 또 아내대로 방석 꺼내어 푹신한 집을 만들어 주거나 그 안에 뽕잎, 고구마순 따위를 넣어 주기에 바빴다.

하지만 다 소용없는 헛짓이었다. 제아무리 따뜻하게 감싸면서 물과 우유를 먹여도, 놈은 잠깐 입맛 다시는 시늉만 지을 뿐어느 것도 곱다시 목으로 넘기지 않았다. 그 사이 놈과 딸 사이엔 벌써 끈적한 정(情)까지 서로 나눠 갖는 처지로 발전했으나, 자꾸만 어두운 구석 쪽만을 파고든 채 모든 식음을 거부하는 녀석의 야생 습성만은 도무지 어쩔 도리가 없었다.

그러구러 해는 어느덧 서산마루에 척 걸터앉는다.

"이대로 밤을 넘겼다가는 저 애 죽고 말 거에요."

적당히 지친 아내는 마침내 이리저리 전화를 걸기 시작했다. 더 늦게 진티*나기 전에 야생동물보호소나 전문기관, 아니면 맨 처음 붙잡았던 장소에 도로 갖다 놓아야 한다는 거였다.

그네의 말은 결국 옳았다. 전화를 받은 담당 공무원은,

"우리 같은 소도시에 그런 전문시설은 없고, 지금이라도 처음 발견했던 자리에 도로 풀어 놓으세요. 아직 젖먹이라면 그 어미는 반드시 반경 5킬로미터를 벗어나지 않았을 겁니다. 그리고 고라니는 밤에 젖을 먹이는 습성이 있거든요."

이렇게 아내를 두남두어* 일러 주었던 것이다. 나는 어쩔 수 없이 놈을 다시금 조심스레 끌어안고 원래의 그 자리로 되돌아가지 않으면 안 되었다. 아닌 게 아니라 이 밤이 가기 전에, 한시 바삐 놈의 어미가 찾아오기만을 기다리는 게 그나마 상책일 듯싶었다. 애잔한 심정으로 풀어 주자마자, 놈은 그제야 살판

· 진티 : 일이 잘못되어 가는 빌미나 원인.
· 두남두다 : 잘못을 두둔하다. 또는 애착을 가지고 돌보다.

났다는 듯 발탄강아지처럼 뒤뚱뒤뚱 풀덤불 속으로 숨어 버리고 만다.

　그래, 그게 너의 운명이구나. 죽든지 살든지, 네가 진정으로 돌아갈 곳은 저 야생의 숲이 맞겠구나.

　어느새 가뭇없이 사라진 놈의 굴진˚ 뒷모습 잔영을, 보이지 않는 아득한 눈길로 한참이나 바라보았다.

　그럼에도 쉬 잠들지 못하는 이 밤, 나는 여전히 그 숲속이 궁금하다.

˙굴지다 : 마음이 느긋하고 만족스럽다.

우리 식문화
유감

여름이 끝나갈 무렵이면 여기 절골 쪽 계곡은 어김없이 쓰레기로 몸살이 난다. 진땀 나는 폭염을 피해 숲속 맑고 시원한 물을 열심히 찾아든 불량한 피서객들이, 마치 남의 것인 양 뭉텅이째 모조리 버리고 갔기 때문이다. 이럴 때는 산자수명한 주위 환경이 결코 사사로이 이롭거나 즐겁지만은 않다는 사실을 절감케 된다.

"계곡에서 노시는 건 좋은데, 절대 쓰레기를 남기시면 안 돼요!"

좁은 산길마저 삐딱하게 가로막은 승용차들을 사정하듯 교통정리하면서, 물에서 희희낙락거리는 그 차주들한테 신신당부해 보지만, 결과는 매번 눈꼴사나운 이 개잘량* 짓이었다. 무더위가 기승을 부리기 시작하는 7월에서 광복절 무렵의 8월 중

• 개잘량 : 털이 붙어 있는 채로 무두질하여 다룬 개의 가죽. 흔히 방석처럼 깔고 앉는 데에 쓴다.

순까지, 한 해도 거르지 않고 치러 내는 불유쾌한 연례행사이거니와, 사는 형편이 오죽하면 이런 깊은 산골 졸졸거리는 좁은 계곡으로 줄줄이 가족, 친구 더불어 피서 왔을까 싶다가도, 그네들이 남기고 간 쓰레기더미를 볼라치면 절로 욕설이 튀어나온다.

"이런 빌어먹을 인간쓰레기들!"

자신이 먹고 마시고 즐긴 하찮은 쓰레기마저 제대로 간수하지 못한 채 아름다운 산천을 이리 추하게 욕보이다니, 하고. 우리의 자연 사랑이나 기본 질서의식이 겨우 요 정도밖에 안 되는가 싶어 스스로 얼굴이 붉어지는 것이다.

거기에 아무렇게나 쌓이고 흩어진 온갖 쓰레기는 그대로 그 인간들의 파리지옥 같은 민낯을 증명해 보인다. 인격이나 교양의 수준이 결국 그것밖에 안 된다는 아주 정확한 수치이기 때문이다.

어쨌든 이것을 어떻게 치우지?

내년 봄의 마을 대청소 때까지 기다리기엔 너무 먼 데다가, 동네에서 치우고 처리하기엔 지나치게 벅차고 무리한 양이다. 그럼에도, 참다못한 내가 직접 치워 볼 요량으로 면장갑 낀 손

으로 낫, 집게와 마대자루 들고 용용히 나섰다. 하지만 정작 낫
으로 뒤적여 보니 더더욱 엄두가 나지 않았다.

맨 먼저 눈에 띄는 건 빈 술병들이었다. 두 홉들이 소주병에
서부터 막걸리, 음료수, 맥주병과 갖가지 깡통들, 또 온갖 비
닐봉투와 플라스틱, 석쇠 따위의 썩지 않는 제품들이 넘쳐난
다. 그중에서도 특히 고약한 건 먹다 남긴 음식물 쓰레기들이
었다. 대개는 구운 고깃덩이가 비닐봉지 안에서 역겨운 악취
풍기며 썩어 가기 마련인데, 산자수명한 자연을 이리 오염시키
는 결과는 다시금 고스란히 인간이 뒤집어 쓸 건 너무나 당연한
이치.

우리한테 뭐든지 말없이 주기만 하는 자연은 때로 엄청난 역
습으로 무서운 재앙을 고스란히 안겨 줄 터이다.

그럼에도 그들은 한여름 내내 이 계곡을 더럽히는 데 여념이
없었다. 반 벌거숭이 꼴불견으로 물 한가운데에 불판을 펼쳐 놓
고서 지글지글 고기 굽고 밥과 술 퍼마시기 바빴다. 누군가는 그
걸 '못 먹고 못살아 온 데 대한 복수'라고 우스개로 표현하기도 했
지만, 이즈음의 폭식 풍조야말로 위험수위를 훨씬 넘기고도 남
는 것만 같다.

아직도 헐벗고 굶주리는 사람들이 얼마나 많은데, 어찌 그토록 아귀아귀 먹고 마셔 대는 살풍경 일색일까, 절로 한숨이 나올 만큼 개감스럽다.°

"일본이 '잃어버린 20년'으로 접어들기 직전에 바로 저런 모양이었죠."

누군가의 지적마따나, 온 나라가 온통 걸신들린 듯 '먹자판' 일색으로 휘돌아 가는 양상은 분명 떨꺼둥이°의 안 좋은 조짐으로 읽힌다. 인간의 가장 원초적인 식욕본능을 맘껏 자극하고 충족시키거나 무차별의 육식 일변도로 치닫다 보면, 그들의 심성은 자연히 포악하고 거친 공격성으로 발전할 우려가 많기 때문에 그렇다. 벌건 핏빛 고기류나 입에 단 가공식품을 깍차게° 폭식한 결과가 어찌 저 끔찍한 각종 흉악범죄와 연결되지 않을 것인가.

요즘엔 정말 대문 밖으로 선뜻 나서기가 겁나는 세상이다. 자고 나면 피새°의 살인사건이요, 강도와 강간, 절도, 파렴치

· 개감스럽다 : 음식을 욕심껏 먹어 대는 꼴이 보기에 흉하다.
· 떨꺼둥이 : 의지하고 지내던 곳에서 가진 것 없이 쫓겨난 사람.
· 깍차다 : 음식을 많이 먹어서 목까지 꽉 차다.
· 피새 : 급하고 날카로워 화를 잘 내는 성질.

범이 때와 장소를 가리지 않고 설친다.

어디 그뿐이랴. 육류 폭식에서 오는 폐해는 또 곧바로 건강의 적신호로 나타난다. 전에는 너무 못 먹어 몸이 삐삐 말라 걱정이었는데, 이제는 너무 기름진 살 빼느라 호들갑 떠는 데 영일(寧日)이 없다.

고혈압, 당뇨, 고지혈증은 아예 국민병으로 번져 가고, 뚱보 비만에 시달리는 어린이들마저 몹쓸 성인병을 일찌감치 겪지 않으면 안 되는 지경에 이르렀다. 그러므로 한시바삐 서구식 육식문화에서 벗어나야 한다.

우리 한식만큼 균형 있고 훌륭한 음식문화는 아마 지구상에 또 없으리라. 세계 어떤 나라가 어느 한 가지 식재료만 갖고도 그리 달달 볶고 삶고 데치고 지지고 무치고, 굽고 찌고 맛깔나게 끓여 내던가. 김치나 젓갈, 간장, 된장, 고추장 등의 발효 음식을 기본 삼아서 아주 다양한 조리법에 따라 육, 해, 공의 진수성찬으로 채워진 밥상을 보노라면, 참살이 건강식이 과연 무엇인가를 단박 체득하게 된다.

그럼에도 우리가 '한식 세계화'를 못 이루는 것은 우선 그 '비주얼'에 있다고 여긴다. 보기 좋은 떡이 맛도 좋다는 말을 굳이 빌리지 않더라도, 그 밥상 위의 복잡하고 어지러운 모양새부터 단순 명쾌하게 정리할 필요가 있다.

가령, 무지개처럼 아름다운 색색의 고명과 거섶*을 얹은 비빔밥을 아주 어렵게 만들어 내놓고, 어찌 시뻘건 고추장으로 한데 비벼 버린단 말인가. 비비기 전의 모양 그대로 차례차례 골라 먹거나 참기름 간장(또는 더 맛난 소스를 개발해서) 따위로 무지개 색깔 그대로 비비는 운치를 더한다면 얼마나 아름답고 개성 넘치는 음식이겠는가.

하지만 한식의 정점은 뭐니뭐니해도 절 음식이 아닐까 싶다. 여기에 모자란 부분을 더 적당히 보태고 채워서, 새로운 한식의 틀을 만들어 내면 어떨지?

* 거섶 : 비빔밥에 섞는 나물.

비 오는 날의 사색

비가 내린다.

오랜 가뭄 끝의 단비. 어제까지만 해도 늘 약수처럼 마시는 일상의 지하수마저 고갈될까 봐 전전긍긍할 만큼 지독한 가뭄이었는데, 하늘은 그래도 무심하지만은 않아 기어이 비를 자비롭게 흩뿌려 주고 있다.

조곤조곤 속삭이듯 내리는 비는 진정 촉촉하고도 충만한 생명수로 목마른 대지를 흠뻑 적시고, 불에 덴 듯하던 저간의 내 마음까지도 단박에 싹 식혀 준다. 땅 위의 온갖 곡식과 풀과 나무도 비로소 제 세상을 만난 듯 춤추며 잃었던 생기를 되찾는다.

어디 식물들뿐이랴. 물이 없으면 이내 맥을 추지 못하는 사람들은 물론, 소나 돼지, 닭 등의 가축을 비롯한 개구리, 지렁이, 붕어나 가물치 따위의 물고기와 산짐승, 날짐승의 뭇 생태계가 다 함께 노래하고 환호작약한다. 오랜 가뭄 끝의 빗방울이 이리 엄청난 변화를 몰고 오다니, 우리가 사는 데에서 가장 중요한 건 어쩌면 이 같은 '날씨'가 아닐까 싶기도 하다.

인간의 정서는 고작 춥거나 덥고, 비와 안개, 눈, 바람 부는데 따라 매 순간 휘청휘청 좌우되기 마련이다. 특히나 오늘처럼 비가 오는 날이면, 잠재된 의식의 밑바닥에 찌꺼기처럼 남아 있던 건 다름 아닌 우울감이었구나 하고 문득 깨닫게도 되는 것이다.

이럴 때의 우울은 오히려 새로운 에너지로 작용한다. 내면에 깊이 잠들어 있던 어떤 생각이나 기억들이 움트듯 다시 살아나고, 그것은 곧 아름답고도 아득한 사랑의 그리움으로, 또는 엄청난 창조적 상상력으로 확대 재생산된다.

저 음기 충만한 물빛 풍경을 보라. 후려치는 빗줄기의 채찍은, 세상 만물을 일으키는 게 단지 햇빛이나 바람 같은 양기만이 아닌 양극의 두 기(氣)가 서로 호응하며 하나로 만났을 때, 비로소 활짝 피어나 꽃 피고 열매 맺는다는 걸 한눈에 보여 준다.

비 오는 날의 미덕은 또한 모든 일손을 잠시 내려놓아야 하는 달콤한 휴식에 있다. 사무실이나 공장 등 실내공간에서 일하는 이들은 물론 조금 제외되긴 하지만, 햇빛 가리개 쓰고 땡볕 속에서 오롯이 고된 육체노동에 시달리는 농부들이나 여러 현장

사람들은 일제히 (거의 강제이다시피) 일손을 놓지 않을 수 없는 게 바로 비 오는 날의 속성이기 때문이다.

그래서 '비 오는 날은 공치는 날'이라는 등식이 자연스레 성립 되거니와, 이들은 그 빗소리를 달콤한 음악 삼고 배게 삼아 모처럼 지친 몸을 쉬면서 임도 보고 뽕도 따게 마련이다. 누구는 구수한 빈대떡에 막걸리 사발을 기울이기도 하고, 누구는 콩 볶고 쑥떡 만들어 주전부리하고, 또 누구누구는 켜켜이 쌓인 피로 풀러 떼 지어 공중목욕탕 몰려가고….

비 오는 날 놀고 쉬는 건 비단 헝그러운* 사람들만이 아니다. 호미나 삽, 곡괭이, 톱과 낫, 도끼 같은 연장들도 함께 편안한 휴식을 취하고, 개나 닭, 염소 같은 가축들 역시 그렇다. 공중을 나는 새와 산짐승들 또한 똑같은데, 부지런히 먹고살기 위해 무더운 땡볕 속에서 땀 흘렸던 뭇 육신들에게 베풀어지는 이와 같은 비의 의미는, 하늘의 섭리 따라 내리는 또 다른 축복이 아닐 수 없다.

• 헝그럽다 : 여유가 생겨 마음이 가볍다.

그렇게 내리는 비를 가만히 응시하노라면, 끝내는 온몸으로 그 비를 내려 받는 산 자체가 비가 되고, 그 산과 비와 내가 하나로 합일되는 그윽한 합환의 경지에까지 다다른다. 그 무슨 열락의 도도함이 녹음 짙은 여름산 속 빗소리와의 일체감을 능가할 수 있으랴. 거실 유리창을 때리며 실폭포처럼 흘러내리는 낙숫물에도 오욕에 찌든 이 육신을 주룩주룩 내맡기고 싶어진다.

비가 오면 나는 우선 습관처럼 듣고 있던 FM 라디오부터 끈다. 창밖의 빗소리는 그 어떤 음악보다도 청아하고 정겹게 다가와서이다. 울적했던 마음의 찌꺼기도 쏴아 씻겨 내려가고, 그럴 즈음에 이르렀을 때의 녹색 산속의 비는 두 눈을 지그시 감고도 그 빛깔과 형상, 물 냄새까지 훤히 매만지고 감지할 수가 있다. 물방울의 형태를 무려 140개쯤으로 분류한 저 아랍인들의 기막힌 심미안과 고급 취향을 충분히 이해할 수가 있는 것이다.

유럽보다 500여 년이나 문명이 앞섰다는 이슬람의 모스크나 알람브라 궁전의 분수정원 등을 보면, 물에 대한 그들의 선망과 애착이 얼마나 지고지순한지를 충분히 미루어 짐작할 수가 있다.

열사의 사막으로 에워싸인 땅이라 더욱 그럴 수밖에 없다 싶기도 한데, 그들은 이 위대한 건축물들을 바로 '천국의 모습'으로 인식했다는 것이다. 사통팔방으로 기하학적 형태의 작은 수로를 그물처럼 만들어 그침 없이 물이 흐르게 하고, 어디서나 그 물소리가 들리는 그곳이 곧 천국이라는 것이다.

비가 내린다. 주룩주룩 벌창*으로 내린다. 숨이 턱턱 찰 만큼 황사와 초미세 먼지, 온갖 이산화물질로 오염되었던 공기가 한꺼번에 씻겨 내리고, 마침내 내 처깔했던* 우울은 달뜬 기쁨으로 승화한다. 내일 아침 이 비 맑게 그치고 나면, 우후청산(雨後靑山)은 얼마나 시푸른 녹음으로 넘쳐날까. 새로운 햇살 속의 얼굴은 또 얼마나 투명하게 부실까.

• 벌창 : 물이 많아 넘침.
• 처깔하다 : 문을 아주 굳게 닫아 잠가 두다.

우주는 넓고

산골 우리 집 좁다란 진입로에 들어서면, 찰랑대며 물 흐르는 왼편 계곡 쪽 길모퉁이에 돌하르방 같은 표지석이 덩그마니 서 있다. 이른바 '咸朴德'(함박덕)이 그것이다. 내가 직접 붓으로 내려쓴 졸필 석 자.

사람들은 곧잘 이것이 무슨 의미냐고 묻는다.

더러는 '무슨 문패가 이리 거창하냐?'고 농담 비슷 새살스레˙ 놀리기도 하고, 또 어떤 이는 '크고도 넓고 소박한 덕?' 혼잣말로 읊조리면서, 도무지 알 수 없다는 듯 고개를 갸웃거리기도 한다.

바로 눈앞 오른쪽으로 함박꽃 송아리처럼 고개를 내밀고 앉아 있는 야트막한 산이 함박산이고, 집 뒤로 물 따라 깊고 유현(幽玄)하게 숨어 들어간 골짜기가 함박골이니, 어떤 특정 경계나 지명을 가리키는 지시대명사라는 건 어렴풋하나마 짐작할

˙새살스럽다 : 성질이 차분하지 못하고 가벼워 말이나 행동이 실없고 부산한 데가 있다.

수 있겠는데, 그래도 그 깊은 속뜻은 도통 갈피를 잡지 못하겠다는 모호한 표정들인 것이다.

결론부터 툭 까놓고 말해서, 이것은 세 가지의 의미와 목적을 두루 품어 안고 있다.

첫째는 우리 집 가훈이라는 사실이다. 넓고도 크게, 그러나 소박하게 덕을 베풀라는 뜻인데, 그게 어찌 생각대로 넘늘이* 쉬운 일이겠는가. 어리숙한 나나 처자식한테 최소한 그렇게 되기 위한 마음가짐이라도 가져 보자는 차원에서, 죽비 삼아 이런 분에 넘치는 마음 기둥을 세워 보았다.

둘째는 어쭙잖은 내 아호 내지 필명을 지칭한다.

어렸을 때의 촌스러운 본명은 기왕에 소설가로 행세하니 그렇다 치더라도, 소설이 아닌 다른 글에는 그래도 내 자신의 분위기와 의지에 따른 이름이 새로 하나 만들어져도 무방하겠다 싶어, 옹색한 궁리 끝에 덜컥 이를 차용한 것이다.

셋째는 문자 그대로 이 산속에서의 영역표시를 위한 지명이다.

실제로 함경북도 성진과 함경남도 단천 사이의 경계지점에는

• 넘늘이 : 점잔을 지키면서도 말이나 행동을 흥취 있게 하여 즐겁게 하는 일.

함박덕이라는 꽤나 큰 산이 자리 잡고 있는데, 그쪽에서는 이 '산'을 '덕'으로도 널리 통용해 쓰는 게 확실해 보인다.

어쨌든 내가 대대로 여기에 있던 고유의 산과 골 대신 그 지명 뒤에다가 격조 있는 '덕'(德)을 갖다 붙인 건, 이 낱말이 갖고 있는 여러 깊고도 오묘한 다층적 의미를 높이 새겼기 때문이다. 나는 무엇보다도 우리가 살아가는 데에서 가장 우선시되는 조건이 바로 덕이라고 믿어서인즉, 마음이 올바르고 인도에 합당한 일, 또는 그로 말미암아 생기는 힘과 인격을 덕이라 일렀을 때, 누군들 어찌 이를 즐겨 따르지 않고 해찰* 부려 딴짓하며 한눈팔 수 있을 것인가.

그리고 나에게는 누구보다 흠모해 마지않는 노자 선생의 《도덕경》이 있었다.

절친한 친구의 소개로 맨 처음 여기 함박골에 발을 들였을 때의 첫인상은, 대뜸 무위자연의 이미지 바로 그것이었다. 사람의 손길이 거의 닿지 않은 쑥대밭 그대로의 험한 신천지가 눈앞

• 해찰: 마음에 썩 내키지 아니하여 물건을 부질없이 이것저것 집적거려 해침. 또는 그런 행동.

에 좌악 펼쳐지던 것이다.

　전에는 열 몇 가구의 화전민들이 이 골짜기에서 옹기종기 된 비알을 일구며 살았다는데, 그들이 먹고살 길을 다시 찾아 죄 떠나가 버린 빈자리는, 마치 어렸을 적 배운 《천자문》에서의 '천지현황'(天地玄黃), '우주홍황'(宇宙洪荒)과도 너무나 흡사한 풍경이었다.

　과장이 좀 심한 느낌이 없지 않으나, '하늘은 검고 땅은 누르며, 우주는 한없이 넓고 거칠다'는 그 첫 문장을 절로 떠올리게 하고도 남았다. 그러니 어찌 노자철학의 정수이며 만물의 본체인 무위자연을 새삼 음미하지 않을 수 있을까.

　사람은 땅을 본받고, 땅은 하늘을 본받고, 하늘은 도(道)를 본받고, 도는 자연을 본받는다.

　이와 같은 노자의 귀본의 깨달음 속에서, 나는 비로소 이곳에 정착할 것을 결심했다. 특히나 지금 홀로 서있는 '함박덕' 표지석 근처에서 집 뒤의 깊은 골짜기를 바라보노라면, 더없이 검푸르고 그윽한 계곡의 풍광이 그렇게나 매혹적일 수가 없었다.

《도덕경》에는 유난히 검을 '현'(玄)의 개념이 강조되는데, 그래서 더러는 이를 오묘한 현학(玄學)이나 현덕(玄德)이라 따로 일컫기도 한다. 나는 가없이 검고도 아득한 저 태고 시원의 자연을 거기에서 퍼뜩 발견했다.

이 '현' 자에 가만히 눈감고 깃들여 보면, 거문고 줄보다도 더 큰 울림이 우러나는 걸 감지할 수 있다. 단순히 검은 색깔만이 아닌 '감을' 현의 아득함을, 그래서 여기에서의 현은 모든 색깔의 기본 바탕이 다름 아닌 검은색임을, 나이가 들어 갈수록 더욱 온몸으로 체득할 수가 있는 것이다.

하늘은 맑지 않으면 찢어질 것이고, 땅은 편치 않으면 무너질 것이고, 신은 신령치 않으면 사라질 것이고, 골짝은 가득 차지 않으면 마를 것이고, 만물은 살지 않으면 없어질 것이라는 저 무위자연의 영원한 진리도 함께.

거기에서 쉬지 않고 흘러나오는 계곡물은 오늘도 상선약수의 의미를 담뿍 끌어안은 채, 지상에서 가장 낮은 바다(모든 것을 '받아'들이는)로, 바다로 자꾸만 흘러가고 있다.

가

을

삶은 달걀

생전의 김수환 추기경이 "삶이 무엇입니까?" 하고 묻는 어느 신도한테, "삶은 달걀이지요"라고 우스개로 대답하셨다. 그러면서 어린애처럼 활짝 파안대소하시던 텔레비전 속에서의 그 천진스런 표정이 불현 그립다.

아침저녁 닭장을 오가면서 딴은 그 농담이 참말보다 더 가깝게 피부로 다가오는 걸 나는 자주, 매우 자연스럽게 느낀다. 토종닭 어미가 방금 낳은 달걀을 손에 살짝 움켜쥐었을 때의 그 정겹고도 아슬아슬한 촉감이 딱 그렇다는 것이다.

조금만 더 힘을 줘 쥐면 폭삭 깨져 버릴 것만 같고, 바가지에 차곡차곡 포개어 담을 적에도 그 달걀들의 무게에 그만 짓눌려 와르르 무너져 내릴 것만 같은 그 위험스런 느낌이라니!

늘 이렇게 애매하고도 위태로워 조심성을 요구하는 달걀 앞에서, 어찌 우리네 예측불허의 삶의 속사정을 떠올리지 않을 수 있을까. 애써 껍질을 깨트려 벗겨 보지 않고서는 당최 삶은 달걀인지 날달걀인지를 쉬 알아낼 수 없다는 측면에서도, 인생을 비유하는 데 전혀 손색이 없다.

'달걀이 먼저냐, 닭이 먼저냐?' 하는 아주 오래된 우스개 선문답에서도 이를 충분히 엿볼 수 있을 것 같고, 본디의 이름은 '닭알'이었을 게 분명한데, 그걸 발음해 부르기가 영 뭣해서 달걀로 바꿔 부르게 된 내력이나, 계란(鷄卵)이라는 별도의 이름이 또 엄연히 함께 불리고 있다는 데에서도, 그런 우리네 삶의 이면의 복잡다기한 속성을 너끈히 들여다볼 수 있고도 남겠다.

"겨란이 왔어요, 겨란. 싱싱한 겨란이 왔어요!"

동네 초입을 들어서는 계란장수 용달차는 이렇게 외쳤고,

"찐 계란이오, 찐 계란. 따끈따끈, 찐 계란이오!"

지난날의 야간열차 속 홍익회 이동판매원이 소리치던 걸, 나는 가끔씩 아릿한 향수로 떠올려 보기도 한다.

시골 학교에서 즐거운 소풍을 가거나 누군가 도회지로 먼 길 떠날 때면, 어김없이 한쪽 손에 들려 있게 마련이던 이 삶은 달걀 보자기야말로, 저 못 먹고 못살던 시절의 아주 따뜻한 이별, 또는 삶의 한 상징이었음을 즐거운 기억으로 오늘에 되살려 보는데, 그때의 오랜 언어습관 탓인지는 몰라도 달걀보다는 왠지 계란이 더 정감 있게 다가오는 것 또한 어쩔 수 없는

노릇이겠다.

여기로 처음 와서 무공해 유정란을 밥상에 올리고 싶어 토종 닭 몇 마리를 들여놓았을 적의 경이로운 한 장면이 지금도 영 잊히지 않는다. 변변한 닭장도 채 짓지 못한 상태에서 수탉 두 마리와 암탉 다섯 마리를 우선 들여놓고 본 것인데, 임시 마당으로 쓰는 오래 묵은 다랑이 논이 온통 쑥대밭으로 우거져 있어, 거기에 야생으로 방사된 이 닭들은 그야말로 물 만난 제 천국이었다. 그런데 이상한 건 날이 가고 달이 지나도록 배부른 암탉들이 도무지 올찬 제 몫의 달걀을 낳지 않는다는 사실이었다.

거 참, 묘하네. 때가 됐는데도 왜 알들을 안 낳는 거지?

감나무 밑둥치에 매달아 놓은 둥지나 보금자리가 될 만한 풀숲을 다 헤쳐 살펴도 내내 감감 무소식이었으되, 어느 날 우연찮게 다른 오목한 풀더미에서 새로 발견된 첫고등° 달걀들의 그 푸짐한 향연이라니! 무려 스무 알도 넘는 그것들이 수북하게 켜켜이 쌓인 채 나를 빤히 올려다보고 있지 않은가.

닭을 치는 데 따르는 기쁨은 어둠의 새벽을 여는 대장 수탉의

• 첫고등 : 맨 처음의 기회.

홰치는 소리에도 있었다. 적막한 산골짜기를 쩌렁쩌렁 울려 대는 그 헌걸찬* 닭 울음소리에, 온밤을 지새우다시피 하는 나의 불면의 '인생무상'도 일거에 싹 씻겨 나가는 것 같았다. 그 이후 수탉을 바라보는 내 눈이 확 달라졌는데, 세상의 모든 새 중에서 가장 잘났다는 나름대로의 평가가 바로 그것이었다.

윤기 자르르한 황금빛 털과 선홍의 볏, 삼지창 같은 두 발로 우뚝 땅을 꿰차고 서서 우렁차게 긴 목을 뽑아 홰치는 모습은, 과연 그 어떤 새(가령, 독수리나 공작새, 팔색조, 꾀꼬리 따위를 포함해서) 보다도 더 우람하고 위풍당당한 자태가 아닐 수 없었다.

그런데 문제는 자기보다 여러모로 허약하고 여린 다른 수탉을 몹시 구박하며 괴롭힌다는 데 있었다. 다섯 마리의 암탉들을 오로지 저만의 독차지로 거느린 채, 배고파 모이를 주워 먹을 때조차 틈만 나면 쫓아가 볏을 쪼아 대기 일쑤이던 것이다.

그래, 차라리 저 젊되 약한 수탉을 치워 줘야겠구나 생각하던 참에, 이번에는 아주 정반대의 '계생(鷄生) 역전'이 이루어지고 말았다. 대장 수탉이 그만 족제비한테 물려 그 등골이 어

• 헌걸차다 : 기운이 매우 장하다.

른 주먹만큼 함몰되고, 왼쪽 다리마저 댕강 부러졌기 때문이었다. 목숨만 겨우 붙어 있을 정도였는데, 여태껏 억울한 종노릇만 일삼았던 부하 수탉이 그대로 가만히 참고만 있을 리 만무했다.

바야흐로 때는 왔다 싶은지, 틈만 나면 대장의 깊은 상처를 마구잡이로 쪼아 대며 괴롭히기에 바빴다. 실로 참혹하기 짝이 없는 이 복수혈전은, 그 상대가 절로 스르르 눈감을 때까지 쉬지 않고 계속되었다.

어쨌든 이 달걀 또는 계란은 그만큼 혼란스러우면서도 다층의 의미를 함의하거니와, 이것들을 여러 날 애지중지 포란한 어미닭의 품안에서 삐악삐악 부화되어 나오는 샛노란 병아리들의 놀라운 탄생과정이야말로, 이런저런 달걀에 얽힌 이야기의 절정이며 정화(精華)라고 할 수 있다. '줄탁'이 바로 그것이다.

알을 품은 지 3주일쯤 지나면, 어미닭은 알 속의 새끼 부리가 있는 지점을 절묘하게 찾아 내 콕콕 찍어 준다. 그러면 알 속의 새끼가 또 그 지점을 콕콕 쪼아 넓히면서, 이윽고 껍데기를 깨고 세상 밖으로 나오는 것이다.

알의 안과 밖에서 동시에 이루어지는 이 위대한 생명창조 작업은 우리네 인생의 의미를 그대로 축약해 보여 준다고 해도 결코 지나치지 않으리라. 내가 태어난 이치도 이와 같다는 것, 세상은 결코 혼자서는 나고, 자라고, 살 수 없다는 사실을 온몸으로 가르쳐 주기 때문이다.

따스한 햇살 아래에서 귀여운 병아리들로 하여, 닭들은 비로소 완벽한 하나의 가족 공동체를 이루어 낸다. 황금빛 자태의 헌걸찬 수탉과 그침 없이 알을 낳아 대는 넉넉한 암탉들 사이에서, 한가로이 풀을 쪼며 삐악거리는 햇병아리들의 모습은 진정 얼마나 살갑고 행복한 시골 풍경인가.

땅은
숨 쉬고
싶다

온통 비닐로 뒤덮여 있는 듯한 착각이다. 혹시 숨 막히는 비닐 공화국이 아닐까 싶을 만큼.

거의 모든 생필품과 공장의 생산제품 포장은 물론, 시장에서 사오는 두부, 콩나물, 생선, 과일, 채소, 육류 할 것 없이 모조리 크고 작은 비닐봉지 안에 휩쓸려 들어간다. 한 송이 향기로운 꽃을 사도 투명한 비닐 포장으로 감싸이고, 맛있는 빵이나 떡, 과자 따위도 마찬가지이다.

비닐은 그만큼 우리의 일상 속에 아주 깊숙이 침투된 생활 속의 동반자라고 할 수 있겠다. 한없이 부드럽고 질기면서 얇은, 그러면서도 참을 수 없는 존재의 가벼움으로 우리의 숨통을 다빡거려° 옮죈다!

• 다빡거리다 : 앞뒤를 헤아리지 아니하고 자꾸 가볍게 불쑥 행동하다.

그리하여 비닐은 오래도록 썩지 않는 떡심*의 영원성을 지녔다. 바람이 통하지 않는 소통부재의 상징이기도 하다.

하지만 비닐은 여전히 날개 돋친 듯 더욱 그악스레 기승을 부린다. 그 시선을 슬쩍 한적한 농촌 쪽으로 돌려 보면, 오히려 더욱 무거운 꼴불견들이 도처에 도사린다는 걸 금방 발견한다. 논밭에서 채 수거되지 않은 비닐은 휘몰아치는 비바람에 날려 나뭇가지나 전깃줄에 찢어진 만국기처럼 내걸리거나 물길을 가로막는다.

쉽게 분해되지 않아 살진 토양을 병들게 할 뿐 아니라, 수해를 가중시키면서 자연스러운 미관까지 해친다. 때로는 염소가 함부로 집어삼켜 그만 아까운 생목숨을 빼앗기기도 한다.

그렇다고 해서 이 비닐이 마냥 해로운 것만은 아닌즉, 그것을 이용한 멀칭농사나 비닐하우스의 장점 또한 결코 만만치는 않다. 무엇보다도 잡초를 막아 한숨 푹푹 새나오는 김매기의 수고를 덜어 주기도 하고, 비닐 안의 지온을 낮추면서 촉촉한 물기를 지켜 더 많은 작물 수확으로 보답하기도 한다.

• 떡심 : 억세고 질긴 근육. 또는 성질이 매우 질긴 사람을 비유적으로 이르는 말.

갖가지 병해충으로부터의 손쉬운 방제는 물론, 가뭄도 덜 타고, 풀도 덜 매고, 그런저런 노동력 경감에 사시사철 수확량도 증가하니, 늘 일손이 딸리고 돈에 쪼들리는 농민들이 어찌 이를 마다할 것인가.

그러나 이 비닐의 소재가 석유라는 데 문제의 심각성이 있다. 태울 때 발생하는 유독가스의 폐해, 그 어떤 미생물에도 쉬 분해되지 않아 썩는 데에만 꼬박 몇백 년이 걸린다는 무자비함만이 아니다. 가슴 막히도록 답답한 비닐하우스 안에서 또 멀칭까지 덧씌운 그 검은 공간 속 식물들의 숨통을 한번 상상해보라.

이즈음 들어 귀농 인구가 부쩍 늘어났다.

대도시 성인남자의 거의 절반쯤이 평화롭고 안락한 전원생활을 꿈꾼다니, 치열한 그 경쟁사회에서 서로 앞다퉈 아등바등 살아가기가 얼마나 각다분한지 충분히 짐작하고도 남을 만하다.

먹고살아 갈 땅이 별로 넉넉지 않은 여기 좁은 산뱅이에만 해도, 벌써 일곱 가구의 낯선 외지인이 새로운 둥지를 틀고 들어

앉았다.

굴다리에서 마을로 올라오는 계곡 옆 길목에 버젓한 2층짜리 펜션을 차린 이는 한때 인천에서 그런대로 잘나가던 중소기업 인이었고, 앙증맞은 분재나 난, 토종 야생화 따위를 길러 내기 위한 대형 비닐하우스를 마련한 조 선생은 불과 몇 년 전까지만 해도 내로라하는 대학의 행정실무 책임자였다.

인생의 절정기에 뜬금없이 명퇴당하고 쫓겨 온 장 씨나, 한창 일할 나이에 그만 헤어날 수 없는 중병에 걸려 마지막 강밭은 목숨에의 기대로 '산 좋고 물 맑은 곳'을 찾아온 황 씨 등도 바로 그 주인공들. 저마다의 별나고 딱한 사정이야 어쨌든, 더 없이 건강에 좋은 황토방이니 목조주택이니 해가면서 넘치는 각오와 부푼 설렘으로 새 출발한 그이들은, 또 어김없이 이 비닐과 맞닥뜨리지 않으면 안 된다.

홍고추나 시래기를 말릴 적에도, 일상의 농기구를 보관하거나 오리, 닭을 칠 경우에도 곧잘 비닐하우스를 지어 대기 일쑤인데, 두어 배미 남새밭에 이런저런 하찮은 채소를 갈아먹고자 할 때 역시 이 검은 멀칭 비닐이 등장한다.

어렵게 갈아엎은 두둑마다 그걸 정성스레 덮어씌우지 않으면, 여름내 창궐하는 검불덤불 엉킨 온갖 잡초와 병충해 등살을 좀체 배겨 내지 못한다.

그렇지만 나는 끝내 이를 거부하기로 한다.

조금 덜 먹고 덜 수확하더라도, 싱그러운 비와 바람과 햇빛을 매나니*로 고스란히 받고 자란 먹을거리 생산이 우선이어서이다. 그것이 마음먹은 대로 척척 이루어질 수 있을지는 늘 미지수지만, 가능하면 그러자고 속으로 늘 다짐한다.

─────────

• 매나니 : 아무 도구도 가지지 아니하고 맨손뿐인 것. 반찬 없는 밥.

벌,

또는 벌(罰)

산골 마을에는 토종벌 치는 집들이 많다. 이곳 산뱅이에도 주민들 거의 다 집 주변이나 가까운 산등성이 바위 틈서리에, 비닐자루 고깔을 씌운 둥그런 오동나무 벌통들을 옹기종기 사이좋게 늘여 놓기 마련이다.

맨 처음 이 산촌에 발을 들여놓았을 적에도, 나는 이 토속어린 정경에 먼저 눈이 갔다. 고개 숙인 벼들이 누렇게 익어 가는 가을 한낮, 시린 듯 부신 햇살 속에서 잉잉대는 무수한 꿀벌들의 쉼 없는 날갯짓 소리에 감동해 그만 넋을 놓고 말았다. 그 자체가 아름다운 한 폭의 그림이요, 경이로운 자연의 음악이었다.

바지런하기로 서열을 매기라면 아마 이 꿀벌을 따를 곤충이 따로 없으리라. 동살이 훤히 터오는 아침녘에서 뉘엿뉘엿 해 저무는 황혼 무렵까지, 놈들은 거의 한시도 쉬지 않고 꿀을 퍼나르기에 정신이 없다.

복수초가 노오랗게 얼굴을 내미는 이른 초봄에서 늦가을 햇살에 마지막 정염을 불태우는 야생 들국화가 하늘하늘 시들 때까지, 우리 인간을 위해 헌신하는 벌들의 역사(役事)가 어디 꿀뿐이겠는가. 수많은 날과 달의 꽃과 꽃 사이를 숨 가삐 오가면서 그 암수 꽃가루를 통해 서로를 수정시키고, 모든 풀과 곡식과 과수들한테도 엄청난 은혜의 열매까지 단단히 약속하니까 그렇다.

그런 다디단 열매 수확과 꿀의 매혹에 이끌려, 나도 한때 토종벌을 치려 시도한 적이 있었다. 이 마을의 몇몇 집에선 아예 이걸로 알짜배기 생업을 삼는 경우마저 있는 판이어서, 별무소득인 나도 은근슬쩍 그 대열에 합류하고 싶은 욕심 또한 없지 않았다.

벌통 만들기 전문 목공의 손을 빌려 아름드리 오동나무 밑동이 벌집으로 만들어지고, 서너 뼘 높이의 그 통 안에 밀랍을 잘 이겨 넣거나 짚 마름으로 지붕을 덮어씌우는 일까지 고스란히 동네 한 어른의 도움을 다시 받아, 나도 마침내 토종꿀 벌치기에 나섰던 것.

비닐 고깔을 씌운 앙증맞은 오동나무 벌통을 무려 일곱 개나 집 주변 여기저기에 들여놓았는데, 봄과 여름을 거친 늦가을까지 산지사방 만개하는 온갖 야생화들로, 진한 토종꿀 생산은 이제 다 따 놓은 거나 매한가지였다.

그런데 그게 아니었다. 지천으로 꽃이 피고 지는 걸 몇 번이나 되풀이한 그해 늦가을이 다 가도록, 망부석 같은 벌통들 속에는 웬일인지 꿀벌 한 마리도 들지 않았다. 도움을 준 동네 어른의 다소곳한 귀띔에 따르건대, 벌통 내벽에 달착지근한 밀랍만 끈적끈적 잘 발라 놓으면, 날아다니는 꿀벌들이 자연스레 자기 집 삼아 거길 열심히 드나들며 풍성한 토종꿀을 잘도 만들어 낸다는데, 그런 그이의 장담은 말짱 도루묵이었다.

수상쩍은 그 까닭을 그이에게 조심히 되물었더니,

"그류? 거, 이상하네? 올해는 유난히 비가 많아서 그런가? 암만해도 눈먼 꿀벌들이 아직도 집주소를 제대로 못 찾는가 보우."

일기불순한 탓으로 돌리고는 이내 지날결*로 고만이었다. 나중에 좀더 자세히 곰파 봤더니, 안주인 여왕벌을 집어넣지 않

---

* **지날결** : 지나가는 길. 또는 그런 편.

은 게 가장 결정적인 이유였다.

더러는 그걸 부러 넣어 주지 않아도 벌들이 스스로 알아 제 집을 삼는다고는 했지만, 어쨌든 경험 미숙한 동네 어른을 너무 맹목으로 믿고 헝겁한° 게 탈이라면 탈이었다.

거기에다 엎친 데 덮친 격이라고나 할까, 예초기를 호기롭게 돌리던 어느 날 벌떼의 습격을 느닷없이 받고 나서는 아예 만정이 떨어지고 말았다. 밤나무 밭의 무성한 풀숲 아래에 튼 무서운 땡삐 보금자리를 예리한 예초기 날이 왁살스레 건드리고 만 거였다.

그 밭두렁 돌 틈에서 쏟아져 나온 벌떼를 피해 부리나케 몸을 숨기긴 했지만, 그래도 몇 마리는 그악스레 내 몸에 달라붙어 장렬한 최후의 독침을 마다하지 않았다.

비지땀 쏟아지는 온 몸뚱어리를 빈틈없는 작업복과 장화, 보안경, 밀짚모자 따위로 중무장한 터였지만, 목숨 걸고 덤벼드는 놈들을 용케 당해 낼 재간은 내게 없었다. 호흡 가쁜 가벼운 쇼크에 빠지면서도 나는 허둥지둥 차를 몰아 냅다 보건소로 내

• 헝겁하다: 매우 좋아서 정신을 차리지 못하고 허둥거리다.

달렸고, 재빠른 응급처치 덕분에 어렵사리 위험한 고비를 넘길 수 있었다.

말벌이나 땡삐의 습격은 그만큼 농사일에 서툰 귀농인들의 일상의 안전을 파근히* 위협하기 일쑤이다.

이후에도 두어 번을 더 벌한테 된통 쏘이는 환란을 겪었거니와, 그때마다 나는 자신도 모르게,

"내가 지금 무슨 벌을 받는 거지?"

혼자 중얼거리곤 하였다.

산골에서는 모름지기 벌떼의 습격을 조심할 일이다. 벌은 결코 자기한테 해코지하지 않으면 공격하지도 않는 법, 입에 단 내 꿀을 얻기 위해선 함부로 남의 벌집을 건드리지 말아야 한다.

• 파근하다 : 다리 힘이 없어 내딛는 것이 무겁다.

잃어버린 열매

지난여름은 잔인했다.

왜냐하면 그동안 애써 가꾼 과수(果樹)에서 해마다 보장되던 과일을 거의 수확할 수가 없었기 때문이다. 집 둘레의 복숭아나 자두, 살구를 비롯해서 30여 그루쯤 되는 매실밭 역시 채 여물지 못한 똘기들만 드문드문 매달려 있을 뿐, 전체적으로 참 보기 드문 흉작이었다.

요긴히 써먹을 데가 있어 서울에서 부러 매실 따러 왔던 친구 내외가 거의 빈손으로 되돌아갈 때의 민망함이라니!

"정말 희한하네? 이런 일은 나무 심고 처음이라니까!"

괜스레 겸연쩍은 나는 변명처럼 늘어놓기 바빴고,

"세월이 하 수상하니, 나무들도 반란을 일으키는 거겠지, 뭐."

결코 그대 탓은 아니니 굳이 말갈망*할 것까진 없다는 듯 친구는 허허 웃어 넘겼다.

· 말갈망 : 자기가 한 말의 뒷수습.

그것은 사실이었다. 지난겨울의 너무 길고 혹독한 강추위로 해서 심한 냉해(冷害)를 입고 죽어 나자빠진 과수들 또한 부지기수이고 보면, 그까짓 해거리처럼 열매 좀 안 달린 게 무슨 대수겠는가. 얼어 죽지 않고 용케 살아 낸 것만도 오히려 대견하고 고맙다 여겨야 할 판인 것을.

실인즉, 올봄 꽃들이 만개할 무렵에 때아닌 함박눈이 펑펑 쏟아져 내리는 걸 보고 나는 일찌감치 눈치챘다.

어? 벌떼가 한창 꽃과 꽃 사이를 날아다니며 수정시켜야 할 때 웬 폭설이지?

이변도 이만저만 큰 이변이 아니었다. 아니나 다를까, 냉해를 입은 매화, 복숭아꽃이 시름시름 앓고 있는 사이, 적당한 간격을 두고 피어나야 할 꽃들이 또 뒤늦게 일제히 가탈 부려 개화하지 않겠는가.

이를테면 연초록 잎새들이 채 얼굴을 내밀기 전 온 산천을 수줍게 물들이기 시작하는 산수유나 생강나무, 개나리 따위의 노란색 꽃들이 한바탕 는실난실° 잔치를 끝내고 나면, 다시 벚꽃

• 는실난실 : 야릇하고 잡스럽게 구는 모양.

같은 흰색 계통의 눈부신 환희가, 그리고 그다음엔 붉은색, 자주색 꽃들이 번차례로 피고 지는 걸 되풀이해야 자연의 순리에 합당할 터인데, 이번에는 도무지 그게 아니었다.

개나리와 벚꽃, 박태기, 진달래 등이 거의 동시에 생게망게[•] 한통속으로 다투어 피어오르던 것이다.

그렇게 도섭부려 어수선한 한 계절이 끝나자 이번에는 아주 길고 긴 장마가 시작되었다. 봄은 언제 왔더냐 싶게 흔적도 없이 후딱 지나가 버리고, 후텁지근한 푸른곰팡이 냄새가 집 안팎을 잔뜩 에워쌌다. 잡초는 봉두난발로 무성하고 온갖 해충이 득시글댔다. 삼한사온이 사이좋게 넘나들면서 사계절의 표본 같게만 여겨지던 이 나라도, 우리가 미처 깨닫지 못하는 새 이제는 아주 긴 여름과 겨울의 두 축으로 어지간히 좁혀졌다는 걸 몸 전체로 느낀다. 짐짓 폭설 아니면 폭우요, 폭풍, 폭염이다.

우리가 몸담고 사는 지구의 돌아가는 품새가 아무래도 심상치는 않아 보인다. 도처에서 때아닌 기상이변이나 화산폭발,

---

• 생게망게 : 하는 행동이나 말이 갑작스럽고 터무니없는 모양.

토네이도, 허리케인, 지진, 해일, 홍수 같은 무서운 재앙이 빈발하는 게 결코 어제오늘의 일은 아니지만, 이즈음 들어서의 그 농도나 횟수는 실로 불안한 종말(?)을 충분히 예감케 하고도 남는 데가 있다.

그러나 나는 무엇보다도 우리 인간과 더불어 살아가는 미물들의 수상쩍은 동태에서 그 기미를 더 실감나게 포착한다.

그 첫 번째는 '미친 개미'들이다.

미국의 플로리다 쪽에서 불기 시작한 이 미친 개미 소동은 우리가 맘껏 누리고 사는 문명사회에 뭔가 달구치는* 경종으로도 얼핏 여겨지는데, 놈들이 가장 좋아하는 게 다름 아닌 전자기기라는 대목이다. 좁쌀 같은 수많은 갈색 개미들이 미친 듯 떼 지어 컴퓨터나 스마트폰, 비행기 부품 속으로 기어들어 가 갉아 먹는다는 것이다. 놈들의 특성은 또 일반 개미들이 직렬로 곧게 떼 지어 다니는 것과는 달리, 사통팔방 미친 듯 맴돌면서 닥치는 대로 물어뜯고, 잡아먹고, 다른 천적들을 무자비하게 떼거리로 공격한다는 것이다.

• 달구치다 : 무엇을 알아내거나 어떤 일을 재촉하려고 꼼짝 못 하게 몰아치다.

그다음으로 우리를 놀라게 한 건 '살인 진드기'였다.

'중증열성 혈소판감소 증후군'이라는 꽤 길고도 생소한 질병을 불러일으키는 이 '작은소참진드기' 바람이 한바탕 '살인'이라는 험상궂은 악명을 뒤집어쓰고 극성을 부리자, 풀밭에 들어가지 않고선 못 배기는 농부들한텐 꽤나 어처구니없고 뜬금없는 공포의 대상이 아닐 수 없었다.

하지만 내가 진정으로 걱정하는 건 갑작스런 벌떼의 소멸이다.

차마 '소멸'까지야 끝내 다가가진 않겠지만, 요사이 눈에 띄게 꿀벌이 줄어드는 현상은 아무래도 꽤나 안 좋은 조짐으로 읽힌다. 어떤 이는 사람마다 지니고 다니는 손전화의 전자파와 각종 전자제품을 그 원인으로 꼽기도 하지만, 무서운 기상이변이나 생태교란을 쉼 없이 바지런한 꿀벌인들 어찌 쉬 견디어 내며 감당할 수 있을 것인가.

이 벌들이 없어지면 당장 다디단 꿀을 못 먹는 일이 억울한 게 아니라, 우리가 일용할 유실수 열매들을 함께 몽땅 잃어버린다는 게 문제이다.

코스모스

사람들

간이역 같은 시골 우체국은 애틋한 그리움의 정감을 절로 불러

일으킨다. 그것도 가녀린 코스모스가 하늘거리는 늦가을의 소

슬한 풍경에 있어서랴. 열나게 무덥지도 않고 으스스 춥지도

않은, 딱 맞춤한 온기의 따사로운 햇살 속 코스모스들이 우체

국 길 양쪽으로 길게 줄지어 피어 있었다.

　가끔씩 소식이 궁금하거나 어느 날 문득 눈앞에 삼삼 어리는

얼굴이 떠오르면, 나는 곧잘 이 우체국을 찾는다. 여태껏 꽁꽁

뭉쳐 두었던 숯검정 같은 그리움을 한데 그러모아, 손때 묻은

육필 편지로, 또는 그간 발간된 책이나 매실, 밤, 호두 따위의

아주 작은 소포택배로 이쪽의 마음을 구순히* 전달하기 위해서

이다.

　그날도 그랬다. 그렇게 작다란 소포 꾸러미를 들고 마악 우

・구순히 : 서로 사귀거나 지내는 데 사이가 좋아 화목하게.

체국 문을 들어서려는데, 거기 담당 여직원이 웬 종이상자를 앞에 두고 한창 끙끙대는 중이었다. 우체국 택배로 보내기에는 좀 넘친다 싶은 무게요 크기였는데, 그녀는 연신 그 안의 내용물을 포개 싸주며 캐묻고, 가지런히 접착테이프 질을 대신 해주면서 넘치는 친절을 베풀었다.

난 처음엔 별 대꾸 없이 등만 내보이는 그 젊은 손님이 지체장애인이거나 말 못하는 이인 줄로 얼핏 착각했으나, 이내 인근 농장에서 개미처럼 열심히 일하는 제3국인임을 알아챘다. 아직 한국말이 거의 불가능한, 저 머나먼 히말라야 밑자락 어디쯤에 있는 그의 고국에의 '첫 선물' 상자였던 것이다.

여직원이 적어 낸 내용물은 옆으로 흘깃 훔쳐보아도 퍽이나 보잘것없었다. 질이 좋으면서 값이 싸긴 하되 조금은 야한 색깔의 여러 옷가지와 라면, 초콜릿, 과자봉지 따위가 전부였다.

나는 순간 자신도 모르게 콧날이 시큰해졌다. 여기, 나보다도 훨씬 더 간절하고 애틋한 그리움이 있었구나. 저 선물을 옮겨 받은 사랑하는 가족들은 또 얼마나 뜨겁게 목메일 것인가, 하고.

허름한 그 이국청년이 어렵사리 일을 마치고 꾸벅 고개 숙여 돌아가고 나자, 이번에는 금융창구 쪽에서 이런저런 정겨운 대화가 들려온다.

"아휴, 이 손톱 좀 봐. 호두물이 봉숭아보다도 더 진하게 들었네? 올해 호두농사 엄청 잘됐다지?"

"그래서 우리 집에 돈 부쳐요. 신랑이 그러라고 해서 …."

"참 용타! 어쩌면 이리 이쁘고 착실할까? 여기로 몇 살 때 시집왔어요?"

"열아홉. 지금은 스물네 살!"

"그런데 벌써 애가 둘씩이나 되고, 한국말도 한국사람보다 더 잘하고!"

그녀의 친정엄마뻘은 충분히 돼 보임직한 창구 여직원은 이후에도 몇 번을 더 쯧쯧쯧 혀를 차주면서 단골인 듯한 그 이국 여성 칭찬하기에 바빴다. 활짝 웃으며 돌아가는 그녀의 물찬 옆모습이 내게도 썩 건강하고 아름다워 보였다.

그렇다. 오늘날의 피폐한 농어촌의 기본 구성원 중 젊은 층은 거의 외국에서 날아온 이들이 담당한다. 조금 반반하다 싶은 내국인 처자들이 내남없이 내빼듯 도회지로 나가 버린 다음, 그 텅 빈 노인들만의 공동체에 이들이 하나둘 낯가림하며 편입돼 들어옴으로써, 이제는 결코 없어서는 안 될 당찬 일꾼들로, 또는 온 동네 사랑받는 나이 어린 며느리들로 너볏하게 자리매김하고 있다.

어디 인적 드문 시골뿐이겠는가.

가뜩이나 청년실업에 허덕이는 우리네 씩씩한 청년들이 하나같이 고개를 휘휘 내저으며 기피하는 업종마다 이들 제3국인이 덥석덥석 꿰차고 들어앉는 바람에, 이 땅은 바야흐로 명실상부한 국제화, 글로벌한 다인종·다문화 시대를 앙세게 맞고 있는 형편이다.

요즘엔 어디를 가도 베트남이나 네팔, 필리핀을 비롯한 동남아와 중국, 유럽은 물론, 중남미나 중동, 몽골, 러시아, 아프리카에 이르기까지, 실로 다종다양한 혼혈의 인종으로 넘쳐나는데, 우리는 이를 아주 당연스레 받아들이지 않으면 안 될 처지에 놓여 있다. 어쩔 수 없는 국내 사정이요, 국제 현실이다.

'우리는 백의의 단일민족이며 순수한 한 핏줄'이라는 주장은 이제 낡고 헌 국가이념이고 인종관이다. 하루가 다르게 좁아지는 지구촌의 여러 변화에 걸맞게, 그 구성원으로서의 너그러운 포용력이나 일체감도 더욱 절실히 요구되는 게 오늘의 엄연한 우리 현실인 것이다.

이 자리에서 굳이 생물학에서의 잡종강세를 들먹이기는 좀 뭣하지만, '새로 태어난 잡종은 순수종인 부모보다 그 적응력이나 생식력, 크기에서 반드시 월등하다'는 주장을 곧이곧대로 받아들인다면, 오히려 얼마나 바람직하고 다행스럽기조차 한 현상인가.

저 똑똑하고 잘생긴 미국 대통령 오바마를 보라. 맛있고 향기로운 바나나와 땅콩, 옥수수, 장미, 커피 따위도, 다름 아닌 이종교배에 의한 잡종강세의 진화를 되풀이한 결과이며, 멕시코가 원산지인 코스모스가 어느 날 우연찮게 이 땅에 날아와서 어여쁜 귀화식물로 정착, 착실한 우리 꽃으로 하늘거리는 저 모습을 어찌 모른 척 스쳐 지나갈 수 있을 것인가.

'질서정연하고 조화로운 세계'라는 뜻도 함의하는 코스모스에 대한 문태준 시인의 〈흔들리다〉 중 몇 구절을 여기 짧게 소개한다.

나는 주변
코스모스는 중심

나는 코스모스를

코스모스는 나를

흔들리며 바라보고 있다

하늘의 선물

툭!

뒤란 쪽에서 뭔가 툭, 떨어지는 소리가 들린다. 다시 또 한 번. 분명 알차게 알이 여문 알밤 떨어지는 소리였다.

벌써?

나는 화들짝 창을 열고 벌써 가을이 무르익었는가 싶어 먼 시선으로 하늘을 쳐다보았다. 모처럼 맑고 청명하다. 엊그제까지만 해도 사방이 온통 질펀한 물걸레 같은 곰팡이 냄새로 가득 찼던 지겨운 늦장마였는데, 오는 계절은 역시 그 모진 찜통더위와 비바람과 천둥, 번개도 막지 못하나 보다. 아침저녁으로 들리는 가녀린 귀뚜라미 소리가 그것을 잘 되살려 증명한다.

이렇게 부신 가을날 아침 툭, 툭 떨어지는 알밤 소리에서, 내가 밟고 사는 땅의 지축이 뒤흔들리는 걸 느낀다면 지나친 과장일까? 아니, 온 우주가 내게로 성큼 걸어들어 왔다고 표현한다면 너무 앙똥한* 호들갑일까?

그럼에도 나는 여전히 한 알의 밤톨이나 붉게 물드는 고추에서 정녕 놀라운 자연의 섭리를 배우고, 아직 습기 찬 무더위의 장마 뒤끝임에도 어김없이 가을을 알리는 귀뚜라미 소리에서, 결코 한 치 어긋나는 법이 없는 자연의 결곡한 순리를 온몸으로 체득한다.

하지만 바로 얼마 전까지만 해도 나는 얼마나 절망스럽게 이 지구촌을 바라보았던가. 세계 도처에서 동시다발로 펑펑 터져 나오는 자연 재앙은 실로 다문 입을 떡 벌어지게 하기에 충분했다.

가까운 일본에서는 수많은 인명이 한순간에 성난 바닷물 속으로 휩쓸려가 버리는 무서운 해일 쓰나미가 일었고, 저 서유럽 쪽에서는 또 엄청난 눈보라와 화산폭발이 하늘땅을 뒤덮었다. 잦은 태풍 길목인 인도네시아에서는 여기저기서 도시 전체가 침수당하는 홍수가, 브라질에서는 대형 산불이 일어났으며, 미국 쪽은 토네이도로, 페루와 네팔 쪽은 엄청난 지진과 광산 매몰로 된통 무서운 고난과 시련을 겪었다.

작은 한국 땅이라고 어디 다르랴. 착한 이들이 더 많이 더불

• 앙똥하다 : 말이나 행동이 분수에 맞지 아니하게 조금 지나치다.

어 사는 이 땅에서도 느닷없이 몰아친 회오리, 폭풍우에 유리창과 지붕이 날아가고, 아름드리 고목, 가로수들이 줄지어 뽑혀 넘어지고, 무수한 길과 집과 논밭들이 마치 폭격 맞은 듯 폐허가 되어 버렸거니와, 그 기상이변의 여파가 오죽 심했으면 우리 집 감나무의 탐스런 감들마저 올해 들어 거의 열리지 않았겠는가. 해마다 이맘때면 온 가지가 휘어지도록 열리던 홍시들이 전혀 눈에 띄지 않는다.

어디 감나무에만 그친 현상일까. 봄에 거둔 둥 만 둥 도사리*로 수확한 매실을 비롯해서, 옥수수와 호박, 고구마, 몇 그루씩 안 되는 복숭아와 배, 사과, 대추나무에 이르기까지, 어느 것 하나 풍성히 열매 맺은 작물이 없었다.

그것은 모름지기 시도 때도 없이 휘몰아쳤던 살찬* 기상이변 탓.

그래서 나무나 곡식들은 제때에 꽃을 피우거나 열매 맺지 못하고, 설사 힘들여 제 기능을 다하다가도 형편없이 모자라는 햇볕으로 광합성을 이룰 수 없거나, 느닷없는 우박, 돌개바람

• 도사리: 다 익지 못한 채로 떨어진 과실.
• 살차다: 성질이 붙임성이 없이 차고 매섭다.

에 우수수 낙과(落果) 되기 십상. 그러니 어찌 제대로 된 제철 결실을 기약할 수 있을 것인가.

하지만 오늘 아침, 툭툭 떨어지는 알밤 소리를 들으니 문득 '그래도 괜찮다'는 생각이 든다. 병들어 가는 지구는 또 어떻게든 면역력과 자정작용으로 벌떡 몸을 일떠세우고, 줄기찬 생명의지를 산지사방에 흩뿌릴 터이므로. 생명은 언제 어디서든 악착같이 다시금 뿌리 내리고 줄기를 뻗어 나가려는 속성에 따라, 마침내 애모쁜* 종말이 올 때까지는 질긴 인류와 함께 여전히 번성할 것이다.

그러므로 아직은 절망할 때가 아니다.

오히려 가끔씩, 지구가 더럽혀졌거나 몹시 화가 나있을 때에는 매서운 태풍, 해일이나 지진, 화산폭발 따위로 모질게 뒤흔들어 줘야 하지 않을까 싶기도 하다. 깜박 잊어버릴 만하면 한 번씩 그렇게 대혁명하듯 뒤집고 헤집어 줘야 바다 밑 오물도 말끔히 청소되고, 아픈 땅속은 스스로 저큼하도록* 수술하고, 너무 밀생하는 뭇 나무와 풀, 벌레, 어류와 새, 인간, 뭇 짐승들

· 애모쁘다 : 성화를 받거나 뜻대로 되지 아니하여 애타고 안타깝다.
· 저큼하다 : 잘못을 고치고 다시 같은 잘못을 하지 아니하도록 조심하다.

이 숨 쉬고 살기 좋은 조건으로, 제 숫자로 재조정되는 게 아니겠는가.

그리하여 소멸할 것은 가차 없이 소멸하고, 생성할 것은 또 무럭무럭 생성케 하는 것이 바로 숨김없는 하늘의 매조지* 뜻인지도 모를 일이다.

툭, 또 알밤이 떨어진다.

마른 땅 여기저기 떨어진 알밤 줍느라, 나는 모처럼 신이 났다. 그리고 허리를 펴 반들반들 윤기 흐르는 탐스런 생밤 한 톨을 와사삭 깨물었다. 떫떠름한 보늬와 함께 희고 부드러운 햇밤의 속살 맛이 달착지근하게 전해졌다. 아, 이게 바로 가을의 미각이야, 하고 나는 새삼 감동하며 사방을 휘둘러본다. 이 가을의 눈부신 축복은 온 천지에 그득하다.

· 매조지 : 일의 끝을 단단히 단속하여 마무리하는 일.

씨앗을

거두면서

가을이 점점 더 깊어지면 갖가지 씨앗들도 알차게 여물기 마련.
단풍으로 타오르는 나무와 황금 들판의 곡식, 여름내 입 안이 시
퍼렇게 물들 정도로 먹는 즐거움을 실컷 제공했던 푸성귀와 산
채, 약초들까지, 은혜로운 조물주의 선물인 양 소곤소곤 속닥이
면서 두루 농익어, 뿌듯한 결실의 기쁨을 안다미로 안겨 준다.

그러면 나는 어김없이 내년 봄에 파종할 씨앗들 끌어모으기
에 바쁜데, 그건 물론 단위가 큰 볍씨나 콩, 옥수수 따위의 농
작물이 아닌, 조금은 하찮아 보일 수도 있는 야생초, 채소류,
약나무 따위가 고작이다.

가령 참취라든가 방풍나물, 산부추, 박하, 자소엽 등을 비
롯해서 여주와 단호박, 조롱박, 수세미라든가 집 주위를 둘러
싼 산자락에 심을 솔씨나 산초, 단풍나무, 댑싸리, 마가목 등
이 그것이다.

평소 약국에서 받은 조제약 종이봉지를 버리지 않고 모아 두

었다가, 딱 그 정도씩의 씨앗들을 받아 분류해 거기에 담아 보관해 두면, 이듬해 봄 적시적소에 아주 요긴하게 써먹을 수가 있는 것이다.

그렇게 여유로운 나의 가을 마무리와는 정반대로, 벼 수확을 끝낸 농민들은 도무지 이대로는 농사지어 먹지 못하겠다고 아우성이다. 논바닥이 쩍쩍 갈라지는 극심한 가뭄을 헤치고 애써 뼈 빠지게 농사지었는데 왜 쌀값은 자꾸만 떨어지느냐는 하소연이었다.

김장용 배추를 심은 이들은 또 그들대로, 배추 값이 똥값이라며 먼산바라기로 뒷짐 지고 깊은 한숨만 뱉어 낸다. 그 정도가 매우 심한 어떤 이들은 아예 농간 부리기의 명수인 중간 유통업자한테, 또는 정부 위탁 공판장에의 출하를 감연히 포기하고 밭떼기째로 갈아엎어 버리기도 한다.

이렇듯 가슴 아픈 수난은 거의 해마다 되풀이되는 형편이어서, 어느 때엔 양파 물량이 넘쳐 난리법석을 피우고, 어느 해엔 배, 사과, 감귤 등의 과일이, 또 어느 해엔 마늘이나 고추 따위의 수급조절이 제대로 잘 안 되어 야단이 난다. 한우며 젖소, 돼지, 닭고기 파동은 또 얼마나 자주 겪는 연례 치다꺼리들인

가. 거기에 여러 해산물까지 그 생산량이나 가격변동이 널뛰기하니, 우리의 토종 먹을거리는 이래저래 호된 몸살을 앓게 마련이다.

여기 산뱅이 마을만 해도 벼농사 포기한 지는 이미 오래전. 물이 마르지 않는 계곡 옆 문전옥답으로 불리던 농토는 이제 볼썽사나운 쑥대밭으로 변했거나, 그나마 일손이라도 남은 집에선 콩이나 옥수수, 고구마, 관리하기가 그런대로 괜찮은 밤, 호두 따위의 과수 작물로 바꿔 근근이 버티며 살아간다.

하지만 그 어떤 농작물도 제값 받고 출하하기는 이미 글러 버린 게 엄연한 실정. 그래서 벼이삭이 황금물결로 출렁이는 논농사는 갈수록 줄어들고, 그 주인들은 이제 시름없이 늙어 가거나 정든 고향 땅을 헤실바실* 떠나기 예사이다.

그 까닭은 물론 관계당국의 수급조절 예측의 실패, 생산자들한테만 일방으로 엄청 불리하게 되어 있는 유통구조의 모순과 불합리에서 우선 비롯되는 것이지만, 그보다 더 큰 원인은 무차별 다국적 수입 먹을거리 때문임은 더 말할 필요가 없으리

• 헤실바실 : 모르는 사이에 흐지부지 없어지는 모양.

가을

215

라. 거의 모든 수입 농산물과 펄펄 뛰는 수산물, 축산물에 온갖 가공식품까지, 우리네 토종 식탁을 일찌감치 울멍지게[•] 점령해 버렸다.

어디 일상의 먹을거리뿐인가. 의식주 생활에 필요한 온갖 일용품, 전자기기와 가구, 의약품과 연장, 농기구 등을 비롯한 자잘한 공산품에서부터 자동차, 선박, 항공기에 이르기까지, 거의 '없는 게 없는' 외국제 물건들로 넘쳐난다.

세상은 바야흐로 글로벌 시대. 세계 어디든 하루생활권으로 올차게 좁혀졌다. 오롯이 한 핏줄, 한 민족이라 으스대고 뽐냈던 한국은 이제 세계 도처에서 흘러든 다양한 이민족들로 홍수를 이룬다.

그리하여 섣불리 '민족'을 이야기했다간 영락없이 한참이나 시대에 뒤떨어진 어리바리 촌놈으로 취급되기 십상이다. 그 정도가 오죽했으면 오로지 민족을 위해 투쟁하고 운동했던 이런저런 단체들까지도 이 '민족'이라는 대의의 깃발을 앞다투어 떼어 내기에 급급할 것인가.

• 울멍지다 : 크고 뚜렷한 것들이 두드러지다.

행여 그것을 귀엣말로라도 입에 올릴라치면, 비판자들은 기다리고나 있었다는 듯이 형편없는 국수주의(國粹主義), 혹은 세상 물정 모르는 경제 반역자, 혹은 우물 안 개구리처럼 폐쇄된 로컬리스트로 당장 매도하고 나선다.

하지만 과연 그럴까? 그래도 마냥 괜찮기만 한 것일까?

속사정은 꼭 그렇지만은 않다. 날로 콩켸팥켸* 이상해지는 날씨, 그중에서도 특히 땅이 쩍쩍 갈라지는 혹심한 가뭄으로 해서 엄청난 넓이의 대륙 사막화는 갈수록 빨라지고, 풍족했던 지하수마저 여기저기 고갈돼 가는 형편이다.

그럼에도 세계굴지의 거대기업들은 지금도 여전히 농업용 비행기로 무차별 농약살포하기에 영일이 없다. 끝없이 펼쳐진 밀과 벼, 옥수수, 콩밭 위를 날며 그것을 마구잡이로 뿌려 대는 것이다.

이를 일러 잔인한 '나치농법'이라고도 하는데, 그 결과 아마존 유역의 어떤 마을 사람들 온몸이 온통 검은 점박이로 뒤덮이는 묘한 질환이 나타나는가 하면, 병명도 알 수 없는 요상한 괴

• 콩켸팥켸 : 사물이 뒤섞여서 뒤죽박죽된 것을 이르는 말.

질에 걸린 경우 또한 도처에서 발견되고 있다. 그 참상이 너무 끔찍해서 '세계는 지금 독가스를 마시고 있다'고 개탄하는 소리도 쉼 없이 들린다.

유전자를 조작해 슈퍼 변형 옥수수를 만들고, 그것이 더욱 발전해 모든 먹을거리 식물과 동물로까지 이런 자연스럽지 못한 작태가 확대되어 이어진다면, 어찌 제 2, 제 3의 광우병보다 더한 파동이 일어나지 않겠는가.

북극의 빙하가 무서운 속도로 녹고 히말라야의 만년설마저 다 녹아내린다면, 그리고 지구온난화에 따른 혹독한 가뭄, 풍수해, 지진, 해일 따위의 자연재해가 만연한다면, 인간이 일용하는 먹을거리가 가장 큰 무기로 둔갑할 건 너무나 빤한 이치이다.

그러므로 식량자급률이 고작 26%(쌀 제외시엔 겨우 5%)에 불과한 세계 최저선의 우리도, 한시바삐 식량안보 대책에 나서야 한다. 그때에는 결코 천대받는 이 '민족'이 억울한 반역으로 내몰리진 않을 것이다.

공자는 씨앗을 '인'(仁)이라 했거니와, 두 사람이 서있는 형상의 이 인은 곧 사람과 사람 사이를 말한다. 씨앗이 사람을 살린다.

산책의 즐거움

깊어 가는 가을, 산속 낙엽길을 걷는다.

사방을 에워싼 숲은 아직 울긋불긋 단풍이 한창인데, 길 옆 상수리와 느티나무, 산벚 가지들은 벌써부터 마른 갈색 잎사귀들을 깃털처럼 하늘하늘 떨어뜨린다. 시나브로 내려 쌓인 그 산길을 걷고 있자니, 낙엽 깔린 발아래 감촉이 마치 융단이라도 밟는 기분이다.

어떤 이는 이 낙엽을 통해 불교의 윤회사상을 읽는다고도 하고, 또 어떤 이는 죽음으로써 새로운 부활을 꿈꾸는 예수의 가르침을 배운다고도 했는데, 둘 다 맞는 비유 같기도 하다. 왜냐하면 여름내 무성한 생성을 통해 얻은 아름답고도 풍성한 꽃과 열매를 뭇 생물들한테 아낌없이 나누어 주고, 마침내는 내년 봄의 또 다른 새 삶을 도모키 위한 장렬한 산화를 자청하고 있어서이다.

나는 다시 걷는다.

집 앞에서 절 쪽으로 난 야트막한 오르막길을 따라, 사행천으로 흐르는 좁은 계곡의 물소리를 맞받아 들으며 걷는다.

거의 사나흘에 한 번씩은 습관처럼 이 길을 오르내리는데, 아침 다르고 저녁 다른 주변의 자연음과 풍광이 그렇게나 노그라지도록* 변화무쌍할 수가 없다.

검불덤불 꽃 피고 새 우짖는 부신 봄은 봄대로, 맵찬 폭풍우와 불더위 속에서도 더욱 강인한 뿌리와 줄기를 죽죽 내뻗는 여름은 또 여름대로, 그리고 이렇듯 화사한 결실의 가을과 다시 새로운 약동의 봄을 잉태키 위해 맵찬 눈보라의 침묵 속으로 잠겨 드는 겨울은 또 겨울대로, 오묘한 자연의 섭리, 혹은 조물주의 천변만화를 맘껏 느끼고 온몸으로 받아들이는 것이다.

그렇게 걷다 보면 길섶의 아주 작은 풀꽃에도 애틋한 사랑의 눈길이 자연스레 다가가지 않을 수 없다. 구태여,

자세히 보아야 예쁘다
오래 보아야 사랑스럽다
너도 그렇다

• 노그라지다 : 어떤 일에 마음이 쏠려 정신을 못 차리게 되다.

노래한 나태주 시인의 아름다운 풀꽃 예찬이 아니더라도, 그렇게 예쁘고 사랑스러운 것들은 길을 걷는 주변에 지천으로 널려 있게 마련이다.

그리고 고은 시인이 노래한,

내려갈 때 보았네
올라갈 때 못 본 그 꽃

같은 작은 깨달음의 즐거움 역시, 길 위의 산책이 가져다주는 쏠쏠한 매력이 아닐 수 없겠다. 길가에 숨은 별인 듯 피어 있는 숱한 야생화와 흔들리는 색색 나뭇잎들 사이의 윤슬* 같은 햇귀* 까지, 어느 하나 섣불리 놓칠 수 없는 벅찬 감동들이다.

걷기는 우선 발바닥에 자극을 주는 행위로서 우리 육체의 모든 신경과 근육, 감정과 정신으로 곧장 연결된다. 그래서 그 몸과 마음의 성장을 돕는 가장 큰 촉진제이며 영양소인 셈이다.

그렇게 걷다 보면 또한 여러 가지 드라마에 맞닥뜨릴 수가 있

• 윤슬 : 햇빛이나 달빛에 비치어 반짝이는 잔물결.
• 햇귀 : 해가 처음 솟을 때의 빛.

는데, 전혀 엉뚱한 곳에서 어릴 적 살았던 고향의 한 모습을 발견케 된다거나, 거의 매일 얼굴 마주했던 사람의 표정이 문득 도탑게 달라 보이는 경우도 문득 만나게 된다.

생소한 덩굴 숲이나 한적한 논두렁이 마치 어떤 따스한 체온이 스며들어 있는 것처럼 착각될 경우 또한 없지 않거니와, 순간에서 순간으로 바뀌는 풍경을 은밀히 곱씹어 맛보기 위해선, 자유롭게 걷는 행위만큼 좋은 방법은 따로 없다.

우리들의 발은 모름지기 걷기 위해 만들어졌다. 걷고 있으면 문명의 속박 대신 자연의 치유를 느낄 수가 있고, 생각의 자유, 또는 무념무상의 해방을 스스로 누릴 수가 있다.

내 마음대로 길을 바꾸고, 마음대로 머리를 텅 비우거나 가득 채우기도 하고, 풍광에 도취되어 쉬고 싶은 곳에선 또 내 마음대로 뜸 들여 쉴 수가 있는 것이다.

그렇게 자연 속을 천천히 둘러보며 걷노라면, 자신의 내면을 속 깊이 들여다보는 성찰의 마음눈도 커질 수밖에 없다.

내가 세상을 살아가는 어떤 단초가 우연찮게 마련되기도 하는데, 이 산책의 즐거움을 달쳐 설파한 서양 철학자는 아마 그리스의 아리스토텔레스가 아닌가 싶다.

그는 생전에 세운 리케이온 학당에서 아끼는 제자들과 함께 자주 걸으며 사색하고 토론하는, 꽤 독특하고도 창의적인 방법으로 나름대로의 철학을 정립시켰다.

'희망은 잠자고 있지 않은 인간의 꿈이다. 인간의 꿈이 있는 한 이 세상은 도전해 볼 만하다. 어떠한 일이 있더라도 꿈을 잃지 말라. 꿈은 희망을 버리지 않는 사람한테만 선물로 주어진다'고 말한 그의 명언도, 제자들과 함께 숲속을 걸으면서 얻어 낸 사유의 결과였다. 그래서 이들을 소요학파라 일컫기도 한다.

'차라투스트라는 이렇게 말했다'고 외치며 외로운 초인사상을 앞세운 니체 역시 '나는 손만 가지고 글을 쓰는 게 아니다. 내 발도 항상 한몫하고 싶어한다'면서 일상 속 걷기의 중요성을, 거기에서 얻을 수 있는 켯속 깊은 영감과 정신의 기쁨을 힘주어 강조했다.

하지만 산책의 의미, 또는 그 즐거움을 폭넓게 본원적으로 설파한 철학은 아무래도 동양의 '노장사상'이 우선되어야 하지 않을까 싶다.

'모든 인위는 거짓이다. 무위자연이란 자연을 거스르지 않는다는 것. 인간이 자연스러운 흐름에 개입하거나 자연의 질서를 깨뜨리지 말라'는 노자(老子)의 저 늡늡한 말씀은 물론이거니와, 이보다 한 발 더 나아간 장자(莊子)는 또 이렇게 비유한다.

우물 안 개구리한테는 바다를 이야기할 수 없다. 한곳에 매여 살기 때문이다. 메뚜기한테는 얼음을 이야기할 수 없다. 얼음 없는 한철에만 매여 살기 때문이다.

그리하여 그는 자유의 절대치를 보여 주는 '소요유'(逍遙遊)를 노래했다. 아무런 거리낌 없이 자유롭게 거닌다는 의미의 이 소요유 개념은, 곧 인간의 삶 위에 군림할 수 있는 그 어떤 가치도 존재할 수 없다는 것을 말한다.

도(道)와 일체가 되어 아무런 흔적도 남기지 않고 노니는 경지, 아무것에도 기대지 않고, 무엇에도 거리낌 없는 절대 자유의 경지가 바로 그가 말한 소요유인 것이다.

그는 바로 이러한 삶을 우리 인간이 추구해야 할 기장찬* 궁극의 목표이며 완성형으로 보았다. 생명 없는 질서보다 생명

있는 무질서의 자연을 닮고자 했던 진정한 자유인, 장자가 새삼 부러운 산책길이다.

자, 이제는 다시 산을 내려가야 할 차례.

만산홍엽의 눈부신 이 가을날, 좁은 산길 위로 흩날려 쌓이는 낙엽은 그 어떤 꽃보다도 아름답게 다가온다.

• **기장차다** : 물건이 곧고 길이가 길다.

나무 우체통

우체통을 새로 만들었다.

10여 년 세월 저편에서 그때 내가 직접 톱질하고 못질했던 나무 우체통도 가년스레 삭고 낡아서, 그동안 미루어 오던 일을 오늘에야 서툰 목수로 돌아가 새로이 갈아치웠다.

빨갛게 페인트칠한 우체통 뚜껑이 유독 까칠하게 헐어 빗물까지 후줄근하게 새는 데다가, 몸통의 흰 페인트도 함부로 벗겨지고, 뒤틀린 문틀마저 제멋대로 놀아나서, 드디어 벼르던 톱과 망치를 냉큼 주워들었던 것인데,

"아따, 돈 몇 푼 주믄 멋있고 튼튼한 철제 우체통 얼마든지 사올 수 있을 텐디, 머할라고 그 생고생이슈?"

때마침 허름하면서도 큼직한 배낭 메고 산을 오르던 아랫말 최 씨가, 비긋이* 기웃거리며 말참견이다. 나는 주춤 손길을 멈추고 꾸벅 그이에게 아는 체했다.

• 비긋이 : 남이 느끼지 못하게 슬그머니라는 뜻의 북한어.

"약초 캐러 가시게요? 요즘에도 산에 지천이지요?"

"하도 날씨 변덕이 심해 놔서, 올해는 약초도 흉년이유."

"비가 많아서, 그래도 능이버섯은…."

"그건 아주 뭉개져 버렸슈. 그나저나 나무는 쉬 상하니께, 주물 철제로다 우체통 바꾸라니께요."

그리고 그이는 곧 뒷짐을 진 채 가던 길을 재촉했다. 속 편히 어기적거리며 산길을 걷는 그이의 등 뒤에 대고, '철제는 뭐 안 상하나요?' 되쏘아 주고 싶은 것을 꾹 눌렀다.

그래, 오랜 풍상에도 끄떡없이 안 상하고 변치 않는 게 과연 뭐가 있을까. 모름지기 모든 게 무상(無常)이다.

강산도 변하고, 바위도 풍화한다. 덧없이 흘러가는 게 어찌 시간과 물뿐이리. 하늘에서 끊임없이 내리 쬐는 태양빛은 지상의 모든 것을, 쇠나 비닐, 썩지 않는 플라스틱까지도 여지없이 삭히고, 녹이고, 바람으로 날려 버린다.

영원히, 땅속까지 함께할 것 같던 남녀 간의 헝겁지겁*한 사랑의 맹서도, 의리에 죽고 사는 불타는 동지들의 목숨 건 혁명공약

• 헝겁지겁 : 매우 좋아서 정신을 차리지 못하고 허둥거리는 모양.

이나 얽히고설킨 혈연, 지연, 학연으로 맺어진 띠앗* 같은 인연들 사이의 끈끈한 도원결의마저도, 여러 겹 세월이 흐른 뒤의 언젠가는 적당히 색깔이 바래지고 죽음처럼 변질되게 마련이다.

거기에 거센 비와 태풍, 눈보라까지 반복해 힘을 합칠라치면, 도대체 무슨 만고불변의 존재가 원형 그대로 변하지 않고 끝내 '상'(常)으로 버틸 수 있을 것인가. 꿈틀거리며 살아 생성할 것은 무럭무럭 생성하고, 썩고 소멸할 것은 또 가차 없이 소멸하는 게 자연 생태계의 엄연한 법칙인 것을.

그러고 보니 나도 참 많이 변했다.

10여 년 전, 어렵사리 집 짓고 남은 허드레 목재를 골라 우체통을 만들 때만 해도, 나는 아주 열심히, 치밀하고도 꽤 열정적으로 치수를 재고, 톱질하고, 망치질했다. 힘도 지금보다는 푼푼하니 더 세었으며, 얼굴의 잔주름이나 표정, 머리칼의 파뿌리도 분명 지금 같지는 않았다. 어기찬* 내일에의 희망이나 삭지 않은 감흥도 너울거렸을 것이다. 하지만 그것들도 이제는 적당히 색이 바래고 연기처럼 흩어지는 느낌이다.

• 띠앗: 형제나 자매 사이의 우애심.
• 어기차다 : 한번 마음먹은 뜻을 굽히지 아니하고, 성질이 매우 굳세다.

그러니 어찌 남들이 변했다고 이쪽에서 먼저 서운해하고 타박할 수 있으랴. 사람도 때가 되면 세월 따라 어떤 형태로든 다 풍화하는 '인심조석변'(人心朝夕變)인 것을!

어쨌든 잦은 실수와 어이없는 시행착오 끝에 큰 새집 같은 우체통이 하나 만들어졌다.

다음은 헌 것과 바꿔 세울 차례. 내 가슴께의 높이로 고정된 외기둥에서 헌 것을 떼어내 보니, 바스러진 천장 안쪽에 주먹만 한 크기의 낡은 벌집이 붙어 있다. 지난여름 어느 날 편지를 꺼내다가 느닷없이 벌에 쏘여 혼쭐나서, 황망히 살충제 분무기 뿌려 놈들을 내쫓은 적이 있는데, 그네들의 삶터의 흔적이 생각보다 훨씬 크다는 게 놀랍다. 놈들은 아마도 떼거리로 무리지어 이 우체통을 통째 차지할 셈이었나 보다.

어디 벌떼뿐이겠는가. 어느 해 늦봄에는 아주 귀엽고 작은 새가 너벗이 둥지를 튼 적이 있었다. 우편물을 집어넣는 3센티미터 정도 너비의 문틈 사이에 뽀오얀 깃털이 자주 붙어 있어 이상했는데, 나중에 보니 그 좁은 문틈 사이로 펄럭이며 드나드는 앙증맞은 곤줄박이가 그 주인공이었다.

허 참, 저 녀석이 왜 여길? 하고는 잠시 잊고 말았는데, 어느 날 무심코 편지를 꺼내던 나는 또 그만 화들짝 놀라지 않을 수 없었다. 우체통 저 안쪽 구석에 솔방울 같은 그 작은 녀석이 말똥말똥 눈을 빛내며 가만히 앉아 있지 않은가.

알들을 품고 있는 게 분명했다.

나는 서둘러 문을 닫아 주고는 설레는 마음으로 돌아섰다. 그리고 '여기 새가 알을 품고 있어요!'라고 쓴 종이쪽지를 우체통 한 모서리에 갖다 붙이면서 아주 조심스레 안의 기척을 살폈는데, 이번에는 새가 어디론지 먹이 찾아 날아간 듯 여섯 개의 알들만 옹기종기 포근한 둥지 안에 모여 있었다.

"이 종이 뗄 때까진 집으로 직접 갖다 주실 거죠?"

하고 젊은 집배원한테 부탁했더니, 그 역시 번죽번죽 좋아하면서 내 뜻에 쉬 동의했다.

우리는 숨 죽여 그 알들이 무사히 부화되기를 기다렸다. 그리고 마침내 알에서 깨어난 벌거숭이 새끼들이 한껏 고개 쳐들며 꿈틀거리는 것을 보았는데, 그렇듯 따뜻하게 한 계절을 보낸 곤줄박이 가족은, 어느 날 또 감쪽같이, 어디론지 사라지고 없었다.

그래도 혹시 아는가, 새로 만든 이 나무 우체통에도 그날의 새들보다 더 반가운 소식이 또 새수나게® 훨훨 날아들지?

풀잎 소리,
우리말

'풀잎'에선 풀잎 같은 휘파람 소리가 난다.

기가 막힌 우리말의 어휘구조이며 어감이다. 자꾸 풀잎, 풀잎, 하고 되풀이해 발음하다 보면, 길가의 작은 풀잎이 마치 이 낱말과 일심동체가 된 느낌을 그 휘파람 소리와 함께 부여받는 것이다. 표음문자가 갖고 있는, 어떤 이름이나 대상에 대한 소리와 본질의 절묘한 조화라고나 할까.

어디 풀잎뿐이겠는가.

꽃이라든가 나무 같은 식물, 인간을 비롯한 온갖 동물과 사물을 가리킬 때의 우리말은 그 발음되는 대상의 소리와 생김새가 너무나 똑떨어진 닮은꼴이다. 그 개념과 분위기, 이미지와 냄새, 억양에서 뿜어져 나오는 음악성까지도 그렇다.

얼굴이라든가 뺨, 눈, 코, 귀, 입, 혀를 일컬을 때 역시, 우

• 새수나다 : 갑자기 좋은 수가 생기다.

리는 영락없이 얼(정신)의 굴 안에 오순도순 들어박힌 그 뺨과 눈, 코, 귀, 입, 혀의 모양이 어쩌면 그리도 소리 울림과 똑같은지 절로 탄성이 터져 나올 수밖에 없다.

이런 아름다운 우리말은 너무나도 많다. 특히 형용사나 동사의 활용에선 아마 세계에서도 가장 자유롭고 화려하고 다종다양하지 않을까 싶다.

'푸르다'는 어휘 하나를 예로 들어봐도 푸르스레하다, 푸르죽죽하다, 푸르뎅뎅하다, 푸르스름하다, 파랗다, 파르라니, 파릇파릇, 푸르른, 새파랗다, 시퍼렇다 … 등 무려 30여 가지에 이르니, 어느 나라 무슨 언어가 이를 초들어* 따라올 수 있을 것인가.

일이 자꾸 겹치거나 물건이 거듭 쌓이는 모양을 일컫는 '곰비임비'라든가, 담은 것이 그릇에 넘치도록 많음을 나타내는 '안다미로', 얼었던 흙이 풀리는 새봄의 '따지기', 맨 처음 햇살을 의미하는 '햇귀', 햇빛이나 달빛에 반짝이는 잔물결의 '윤슬' 같은 낱말은 또 얼마나 정겹고 운치 있고 감칠맛이 나는지.

· 초들다 : 어떤 사실을 입에 올려서 말하다.

하긴 세종임금과 그 일행이 한글을 처음 만들 당시, 그 첫 단계 초성이라 할 수 있는 자음(ㄱ, ㄴ, ㅁ, ㅅ, ㅇ)을 발음할 때의 발음기관 모양을 본뜬 데에서 이미 그 별난 상형의 원리와 독창성이 엿보이는데, 가령 괄호 속에 예를 든 다섯 기본 상형자 자 중 'ㄱ'의 경우, 혀 뒤쪽을 연구개에 대고 올리면서 혀 앞쪽이 자연히 아래로 내려오는 모양을 본떠 만든 것 등이 바로 그것이다.

모음의 제자 원리는 또 어떤가.

'ㅏ'(·)는 하늘의 둥근 모양을, 'ㅡ'는 땅의 평평한 모양을, 'ㅣ'는 사람이 서있는 모양을 본뜬 천지인(天地人)을 기본형으로 삼았다는 데에 그 독특한 철학적 창조성, 사람과 자연의 합일성이 숨어 있다. 그러니 어찌 이렇게 만들어진 한글이 아름다운 자연의 소리를 절로 뿜어 내지 않겠는가 말이다.

하지만 오늘의 언어 현실은 썩 유쾌하지가 않다. 아주 뒤틀리게 병들어 가는 상태. 어떤 걱정 많은 언어학자는 우리가 이런 식으로 나가다간 결국 순수 한글이 아예 소멸해 버릴지도 모른다고 개탄할 지경에 이르렀다.

이 현상은 유독 앞으로 다가올 미래를 짊어지고 가야 할 스마트폰 세대, 그 꿈 많은 청소년들이 일상으로 쓰는 문자나 비속어로부터 더욱 암상궂게 드러난다. 그네들은 아름다운 '윤슬' 대신 '안슬'이라는 낯선 조어를 더 즐겨 내뱉는다. 안슬은 나는 하나도 '안 슬프다'는 뜻이다. 시험을 망쳤다는 건 '시망'이라 이르고, 저 사람은 '인간이 아니다'는, 웬 일본어와 영어가 기묘하게 결합된 '낫닝겐'이다. '낄끼빠빠'는 낄 데 끼고 빠질 데는 빠지라는 의미이며, '빠삐용'은 모임에 빠짐없이 참석하고, 어떤 일에든 삐지지 말 것이며, 너그럽게 용서하고 살라는 의미란다.

이러한 예들은 아주 하찮은 빙산의 일각일 뿐, 그네들은 기성세대가 전혀 알아들을 수 없는 외계인 용어를 그침 없이 확대 재생산하고, 그것도 극도로 축약해서 짧고 매우 간단명료하게 만들어 키득거리며 애용한다.

얼핏 장난스런 유행어처럼 보이기도 하지만, 이게 계속 새끼를 치고 오래도록 시나브로 굳어지다 보면, 정말로 치유하기 힘든 소통불능의 시대가 찾아올지도 모를 일이다.

그래서 그런가, 그네들의 '같아요' 증후군은 이즈음 들어 더

부쩍 심하게 조라떤다. [•] 무슨 일에든 주체적 확신을 갖지 못한 채 그저 '같아요'로만 일관하는 것이다. 기분이 좋은 것도 '좋은 것 같아요'이며 누구를 사랑하는 것도 '사랑하는 것 같아요'이다. '갖고 싶어요'가 아니라 '갖고 싶은 것 같아요', '맛있어요'가 아니라 '맛있는 것 같아요'다.

이 '같아요' 증후군을 앓고 있는 대한민국 청년들(20세에서 34세까지)의 미래에 대한 전망은 더욱 큰 충격을 안겨 준다. 응답자 중 43%에 이르는 이들이 이 나라에 '희망이 없다'는 것이다. 자신의 장래가 결코 실직 상태인 지금보다 더 나아질 것 같지 않다는 것이며, 그래서 차라리 '헬(hell: 지옥) 조선'이라고, 나라가 이대로 몰락하거나 종말이 와버렸으면 좋겠다고 극단으로 답변했다는 것이다. 이 얼마나 끔찍한 우리의 또 다른 민낯, 고통스런 이면(裏面)인가.

이 역시 아름다운 우리말이 함부로 오·남용되는 슬픈 현실의 반영일지 모른다. 온갖 언론과 영상매체에서 쏟아져 나오는 사대주의식 영어 일색과, 아직도 청산하지 못한 왜색 언어들,

---

• 조라떨다 : 일을 망치도록 경망스럽게 굴다.

국적불명의 외래어가 섞이지 않으면 안 되는 젊은 인기가수들의 유행가, 그리고 도무지 알아들을 수 없는 청소년들의 스마트폰 우주어 ….

한글날(우린 10월 9일이지만, 북한에선 훈민정음 반포일을 양력으로 환산한 1월 15일)이 끼어 있는 이 화창한 독서의 계절에, 새삼 음미해 보는 우리말에의 아픈 성찰이다.

치유의
문학 숲

마음의 병을 치유하기 위해 숲을 찾는 사람들이 부쩍 늘었다.

스트레스 많은 도회지 삶이 얼마나 고단하고 숨 쉬기 팍팍하면, 틈만 나면 저리 공해물질 없는 자연 속 숲을 찾아 지글거려* 헤매고 다닐까 싶다. 정글의 논리에 따라 신자본주의가 물밀듯 팽창할수록 더욱 깊어지는 현대인의 불안과 우울, 울화와 분노, 공황장애, 만성 불면증 등은 곧장 불치의 신경, 심장질환이나 암 같은 성인병 쪽으로 번져 가는 게 어쩔 수 없는 오늘의 현실인 것을.

그래서 이들을 끌어들이고자 일부 지방자치 단체들의 개성 있고 특화된 숲 조성 노력은 꽤나 선견지명이 있어 보인다. 앞으로 시간이 갈수록 숲을 찾는 수요는 더욱 흔전만전* 늘어날 터여서이다.

• **지글거리다** : 걱정스럽거나 조바심이 나거나 못마땅하여 마음을 졸이다.
• **흔전만전** : 매우 넉넉하고 흔한 모양.

천혜의 숲으로 유명한 삼척의 금강송림이나 봉화의 춘양목 송림, 제주도 비자나무 숲, 강진 백련사의 동백 숲, 인공으로 이룬 광릉수목원 같은 기왕의 숲들 말고도, 심신이 아픈 이들의 치유를 목적으로 한 전남 장성과 장흥의 편백나무 숲이나 강원도 인제의 자작나무 숲은, 벌써부터 그 성가가 아주 높아 부러 찾는 이들이 장사진을 이룬다고 한다.

나 역시 시간 나는 대로 한 번쯤 가보고 싶은 곳들인데, 특히 자작나무 숲에 대한 오래전부터의 알 수 없는 동경은 다음 같은 백석의 〈백화〉(白樺)라는 시 덕분이다.

산골 집은 대들보도 기둥도 문살도 자작나무다
밤이면 캥캥 여우가 우는 산도 자작나무다
그 맛있는 메밀국수를 삶는 장작도 자작나무다
그리고 감로같이 단샘이 솟는 박우물도 자작나무다
산 너머는 평안도 땅도 뵈인다는 이 산골은 온통 자작나무다

주변이 전부 희디흰 자작나무 숲으로 둘러싸인 이런 정경은 상상만으로도 괜스레 가슴이 설레고 10년 묵은 체증까지 싹 씻기는 기분이다. 이 백화는 또 추운 시베리아 같은 동토(凍土)

에서 더욱 의연하게 잘 자라는 겨울나무라 할 수 있는데, 불에 탈 때 '자작자작' 소리를 내서 자작나무라 불리었다고도 하고, 나무 중의 나무여서 '자작'(子爵)이라는 작위를 줘 그리 되었다는 등 그럴싸한 일화도 뒤따른다.

그래서 지난해 가을부터 올 늦봄까지 이 함박골 앞과 옆을 빙 둘러싼 드넓은 국유림을 불 주듯 벌목, 새로운 수목으로 대체하는 작업이 크게 벌어져, 나는 부랴사랴 관계당국에 간청 어린 민원을 넣었다. 기왕이면 자작나무와 편백 같은 묘목을 심어 아름다운 휴양림으로 가꾸는 게 어떻겠냐고, 그러면 이곳 주민들의 소득향상에도 도움이 되고, 국민건강과 여가생활에도 크게 기여할 거라고 몇 번이나 조르듯 부탁했다. 그렇지만 결국 그 수종들은 이곳 풍토 여건에 맞지 않는다는 이유로 클클하게* 거절당하고 말았다.

어쩔 수 없는 노릇이었지만, 그 이루지 못한 아쉬움이 너무 진해 나는 곧장 나무 시장에 가서 한두 그루씩의 자작과 편백, 계수나무 묘목을 사와 직접 우리 땅 한 귀퉁이에 심었다. 그것

• 클클하다 : 마음이 시원스럽게 트이지 못하고 좀 답답하거나 궁금한 생각이 있다. 또는 마음이 서글프다.

들이 불볕 같은 한여름도 용케 견디어 내며 지금껏 무럭무럭 잘 자라는 걸 보면, 산림청 쪽의 거절은 뭔가 불가피한 사정을 덮기 위한 공연한 변명이었으리라는 짐작이다.

아무튼 나는 나무그늘 아래에서 책 읽는 걸 좋아한다.

이런 경우의 독서는 아무래도 시나 소설, 수필 같은 문학작품이 굴지게 어울린다. 문학은 본디 인생의 고통과 상처를 오붓이 끌어안고 있고, 그 아린 슬픔을 기쁨으로 승화시키려는 속성 또한 빛기둥*으로 간직하고 있어서, 독자는 자연 숲이 주는 치유력 못지않은 위안을 거기에서 동시에 얻어 낼 수가 있는 것이다.

굳이 너볏한 자작나무나 편백이 아니더라도, 집 주변의 왕벚이든 감나무나 소나무든 상관없이 은비늘로 반짝이는 그 나무그늘 아래로 들어가 사색하고 독서하면, 그 자체가 곧 훌륭한 몸과 마음의 치유로 연결되거니와, 기왕지사 오랜 시간 싱그러운 피톤치드 쐬기 위해선 짧은 시나 수필보다는 긴 소설 쪽이

---

* 빛기둥: 좁은 틈 사이로 뻗치는 빛살.

조금 더 좋지 않을까 싶다.

그러면 소설은 왜 읽는가?

잘 알다시피 그것은 우선 재미를 얻기 위해서이다. 그 재미는 물론 갖가지 희로애락이 종횡으로 농익어 엮일 때 더욱 배가될 것은 두말할 나위 없을 터. 그저 단순하고 상투 어린 범사의 신변잡기가 아니라, 뭔가 특별하면서도 개성 있게 공감을 불러일으키는 서사구조를 갖출 때 그것은 가능하다.

작품 속의 주제의식이 아주 치밀한 구성력과 물 흐르듯 천연스러운 문장으로 숙성되어, 애써 글을 읽어 주는 독자한테 분명한 하나의 '의미'로 전해져야 한다는 말이다. 그럴 경우의 재미는 곧 여운이 오래 남는 따뜻한 감동으로 직결된다.

그런데 이즈음의 대개의 작품들은 이와 같은 기본 틀을 꽤나 벗어나 있어 탈이다. 개인의 사소한 느낌이나 사건들을 1인칭 사소설의 액자(額子)로 담아내는 게 거의 정형화된 듯싶은데, 그러다 보자니까 중, 장편쯤으로 소화해야 될 법한 긴 내용도 단편이라는 작은 그릇에 억지로 우겨 넣으려니 얼마나 불편한 무리가 따르겠는가. 그래서 재미있는 이야기의 힘은 온데간데 없어지고, 빈 껍질 같은 지문 속의 설명만 남는다.

등장인물들의 갈등과 애환, 애증으로 뒤얽히는 사건이 어떤 역동성의 활동사진처럼, 또는 음영이 선명한 그림처럼 현재진행형으로 그려지는 게 아니라, 작자의 신세타령 같은 과거의 넋두리로 일관하면 독자의 공감대가 줄어들 건 너무나 당연하다.

소설 속에 인생이 있다.

온갖 영욕과 수모, 회한으로 점철되는 우리네 인생은 또 숨가쁘게 뛰지 않으면 안 되는 마라톤과 같은 것. 작품 속에 등장하는 주인공의 마라톤 같은 다양한 삶의 변주들을 내 자신의 경우에 대입시켜, 나는 아무래도 내 인생을 산 것 같지가 않다든가, 이 세상에 영원한 것은 없다면서 눈에 보이는 현상은 모두 환상일 뿐이라고 각성하게 되는 문학작품의 독후감까지도, 어찌 보면 썩 괜찮은 치유의 한 방편으로 작용할 것임에 틀림없다.

농사작법

글쓰기

누렇게 벼이삭 익은 황금 들녘을 바라보노라면 뿌린 대로 거둔
다는 농부의 결실의 기쁨이 얼마나 벅찰지 굳이 캐묻지 않아도
알 만하다. 한 알의 쌀알이 만들어지기까지 무려 여든여덟 번
의 손이 간다는 쌀 '미'(米) 자의 제자 내력을 음미하면 더욱 충
분히 미루어 짐작할 수 있을 터. 거기에 적당한 햇빛과 물과 바
람이 기름진 흙 기운과 함께 융합되고 보태어져야, 쌀은 하나
의 완성된 '작품'으로 자연스럽게 빚어진다.

　글쓰기도 이와 마찬가지. 농사짓는 것과 똑같다.

　여든여덟 번의 손까지야 혹 못 미치더라도, 하다못해 텃밭에
서 가꾸는 상추·치커리 같은 쌈채소나 고추, 토마토, 감자,
애호박, 무, 배추 등의 일용작물에 대한 정성과 노력만큼은 기
울여야 한다는 말이다.

　겨우내 얼어붙었던 땅이 따스한 봄바람에 몸을 풀면 농부의
손길은 기다렸다는 듯 바지런히 움직이기 시작하는데, 지난해

가을

245

늦가을에 뿌렸던 퇴비가 흙 속에 잘 스며들었나를 살피면서 먼저 경운기나 쇠스랑으로 그 흙을 한두 번 갈아엎는다. 거기에 다시 밑거름을 넣어 흙 고운 텃밭으로 일구어 낸다.

농부는 그때 자기의 오랜 경험에서 우러나 익숙해진, 적성에 맞는 품종(장르)을 골라 칸 맞춰 조성한 땅에 정해진 씨앗을 뿌리거나 모종을 심는다.

그 씨앗과 모종들이 이윽고 적당한 물과 공기, 햇볕을 받아 저마다의 특색 있는 표정으로 뽀얗게 얼굴을 내밀 때의 감격은 일일이 다 표현할 수 없을 지경이다. 지상으로 살러 나온 생명체의 경이를 한눈에 실증해 보이는 순간이다.

하지만 농부의 손길이 더욱 바빠지는 건 바로 이때부터. 히야! 이놈들이 앙증맞게 얼굴을 내밀었네, 하는 감탄사의 여운이 채 가시기도 전에, 그는 서둘러 엉겨 붙은 어린 작물들을 서로 다치지 않게 솎아 주고, 호미로 땅심을 북돋우거나 김매기에 들어간다.

비바람에 쓰러질세라 견고하게 지지대를 받쳐 주기도 하고, 흙 속에 단단히 뿌리 내릴 때까진 아침저녁 쉬지 않고 물을 공급해 줘야 한다.

그중에서도 가장 중요한 일은 병충해 방제. 텃밭을 보기 좋게 채운 작물들에 달라붙는 해충들 역시 우리네 인간들한테 덤벼드는 수많은 바이러스들보다 더 살판나게 잔치마당을 벌인다.

그 잎과 열매, 줄기마다 거세미나방과 고자리파리, 무당벌레, 명나방, 혹파리, 배추좀나방, 바구미, 진딧물이 착착 엉겨드는 건 물론이요, 노린재와 달팽이, 땅강아지, 매미충, 굼벵이, 깍지벌레, 뿌리응애 등도 깊은 땅속까지 야금야금 잘도 파고든다.

그리하여 놈들이 불러오는 몹쓸 식물병들은 또 얼마나 각다분하게 많은가. 들깨·참깨·토마토를 시름시름 시들게 하는 시들음병, 배추·고구마의 무름병, 가지의 잎곰팡이병이나 옥수수의 붉은곰팡이병, 마늘의 잎마름병, 오이·양파의 노균병, 수박의 덩굴마름병, 포도의 새눈무늬병, 복숭아의 잿빛무늬병이나 대추의 빗자루병, 배·모과의 붉은별무늬병과 식물의 흑사병이라는 탄저균에 이르기까지, 별의별 병원체들을 제때 막아 내지 못하면 결코 가을빛 알찬 수확을 담보할 수가 없다.

그래서 농사는 곧 잡초, 해충과의 싸움이라고 일컫기도 하거니와, 이럴 때의 잡초나 해충들은 영락없이 작품 속의 잘못된 문장이나 오자(誤字)로도 충분히 비유될 만하다.

그리하여 참된 글쓰기는 그침 없는 가지치기와 잡초제거의 연속일 수밖에 없다. 병들고 불필요한 낱말은 과감히 솎거나 뽑아내고, 그 자리에 합당한 언어와 문장으로 새로이 고치고 또 고치는 걸 반복하는 것이다. 그래야 비로소 독자가 감동할 수 있는 속이 꽉 찬 작품이 만들어진다.

기사체 단문으로 유명한 헤밍웨이도 《무기여 잘 있거라》의 첫 장을 무려 50번도 넘게 고쳐 썼다는 일화는 글쓰기에 가르치는 바가 매우 크다. 작품은 곧 '고치는 걸 되풀이해서 완성품으로 만들어 낸다'는 의미이다.

'글은 그 사람'이라고 했다.

그가 쓴 글 속에 그의 모든 사유의 세계와 언어행위, 가치관, 학문과 지식의 깊이, 창조력, 인격, 교양, 태도와 평소 몸짓까지 고스란히 녹아들어 있기 때문에 그렇다. 굳이 그 글의 표현 양식이나 주제의식까지 가지 않더라도, 어지간히 독해력이 있는 독자라면 처음 몇 줄과 중간, 끝마무리만 쓰윽 훑어보는 것만으로도 금방 이와 같은 온새미의 사실들을 쉬 읽어 낼 수가 있다.

글과 글 사이의 행간과 즐겨 사용하는 어휘의 이면에서도 그 것은 이내 포착, 간파되고 만다.

그래서 글은 진실하지 않으면 안 된다. 더욱이 '거짓말로 참 말하기'의 문학창작에 있어서랴. 과거에 있었던 일, 오늘에 겪 으면서 느끼고 배운 일, 또는 앞으로 생길 수 있는 일들을 온갖 형태의 이야기로 꾸며 완성도 높은 작품으로 빚어내는 방법은, 오직 정확하고 진실한 문장만이 우선이다.

지금까지 회자된 숱한 동서고금의 명작들을 주의 깊게 곰파 보면, 그 주제나 사건의 얼개에 있어서 다 거기가 거기쯤이다. 안 다루어진 소재가 거의 드물다는 이야기인데, 그렇다면 작품 성에서의 우열이나 성패는 어디에서 가름날 것인가. 너무나 빤 한 결론으로, 그 작가만의 시각과 철학, 독특한 개성이 배인 아 름답고 정확한 문장일 수밖에 없다. 읽을수록 점점 더 깊이 빨 려 들어가는 섬세하고 매력 있는 문장으로, 말하고자 하는 작 의(作意)를 더욱 확실하게 각인시키는 것만이 그 해답이다. 그 래서 그리스어 문법의 아버지인 트락스는 '문장은 사상이다'라고까지 일찍이 갈파했다.

그런데 이즈음의 작품들은 비문(非文)이 너무 자주 눈에 띈다. 매우 적절치 못한 어휘선택이라든가 과장된 비유, 또는 남발되는 비속어와 주어, 서술어가 뒤바뀌는 오류 등이 다반사로 펼쳐진다. 쓸데없는 외래어와 논문 투의 한자말은 왜 또 그리 쏘개질*처럼 빈번한가.

한 나라의 언어는 곧 그 민족의 영혼이라 했다. 우리 한글은 세계에서도 유래를 찾아볼 수 없는 우리만의 빛나는 정신유산이자 생활 그 자체이거니와, 죽을 때까지 한글로 작품을 쓸 수밖에 없는 이 나라 시인, 작가, 문필가들은 최소한 《국어학 개론》 정도는 훤히 꿰고 있어야 하리라. 그 속의 음운론이나 문법론, 의미론, 문자론, 국어사쯤 막힘없이 습득, 체화해야 우리글을 제대로 술술 구사할 수 있으리라 싶어서이다.

정밀한 조각가가 끌로 돌을 쪼듯, 지혜롭고 경험 많은 농부가 한 땀 한 땀 정성들여 농사를 짓듯, 그렇게 우리 언어를 글속 깊이 갈고 다듬을 줄 알아야겠다.

· 쏘개질 : 있는 일 없는 일을 얽어서 일러바치는 짓.

허수아비의 꿈

텅 빈 늦가을 들판에는 이제 늙고 남루한 허수아비만 홀로 남았다. 그토록 풍성하고 보람찼던 들녘의 뭇 생명은 다 어디로 흩어져 갔단 말인가. 그 충만했던 지난날의 오곡백과를 묵묵히, 그저 꼿꼿하고 성실히 수많은 새떼와 들짐승들로부터 매나니로 지켜 냈던 '아비'는 어디로 가고, 오로지 춥고 외롭고 쓸쓸한 '허수'(虛手)로만 남아서 빈 들녘 한 귀퉁이를 저리 볼품없는 삭정이로 우두커니 지키며 서있단 말인가.

머쓱하니 발걸음을 멈추고 빈 허수아비를 바라보고 있자니, 문득 고독의 시인 다형(茶兄 : 김현승)의 시가 떠올랐다.

나는 나의 재로
나의 모든 허물을 덮는다
나의 모든 기쁨과 슬픔을
나는 한 줌의 재로 덮고 간다
그러나 까마귀여,
녹슨 칼의 소리로 울어 다오

바람에 날리는 나의 재를

울어 다오

나의 허물마저 덮어 주지 못하는

내 한 줌의 재를

까마귀여!

(중략)

검은 빛의 까마귀로 상징되는 죽음, 또는 진정한 고독의 의미가 저리도록 절절히 다가오는 시구!

그런데 허수아비 곁으로 가까이 다가가 자세히 살펴보니, 예전에 내가 알고 있던 그런 정감 어린 토속 허수아비가 아니다. 재질이 엉뚱한 플라스틱이다. 찢어진 누더기의 시친 자국까지 영락없이 진짜와 똑같게 찍어 낸 엄펑소니* 모조품.

평소 멀찍이 지나다니며 얼핏 스치듯 바라보면서도 왜 저리 감사납게 크고 멋대가리가 없을까? 생김새나 색깔이 왜 하나같이 어금지금*하며, 얼굴에 짓는 표정마저도 어쩌면 저리 모두

• 엄펑소니: 의뭉스럽게 남을 속이거나 골리는 짓. 또는 그런 솜씨.
• 어금지금: 정도나 수준이 엇비슷하여 큰 차이가 없는 모양.

어리보기로 웃는 모양 일색일까 해서 꽤나 설면했는데, 그걸 가까이 들여다보며 직접 만지고 나서야 그 실체를 비로소 제대로 파악할 수가 있었다.

아니, 이제는 허수아비까지 공장에서?

쓴웃음이 절로 배어 나왔다. 해마다 새 걸로 바꿔 만들어 세우는 게 얼마나 성가시고 귀찮았으면 이런 기발한 묘책을 다 짜냈을까 싶으면서도, 오로지 경박한 편의만을 좇으며 다량의 날림치로 도섭부려 생산해 낸, 이 썩거나 삭지 않는 괴물 허수아비가 과연 본래대로의 제 몫을 성실히 수행할 수 있을까, 적이 의심스러웠다.

허수아비 체험마을로 선정된 저 아랫말에선, 해마다 초가을로 접어들 무렵이면 어김없이 길가나 어귀 곳곳에 각양각색의 허수아비들을 떼 지어 세워 놓곤 하는데, 그 또한 하나같이 무성의한 획일주의의 상투성을 벗어나지 못한 것들이어서 사뭇 속이 상했다. 대충 얼기설기 엮어 놓은 뼈대 위에 요즈음 유행하는 컬러풀한 옷들을 걸치고, 농부의 상징이라 할 허름한 밀짚모자 대신 날렵한 운동모나 긴 머리칼을 그대로 보기 좋게 감아 올린 형상이어서 꽤나 황당하고 스산스러웠다.

무당이 굿할 때 귀신으로나 쓰는 제웅들이 왜 이리 많은가, 한밤중 엉겁결에 맞닥뜨리게라도 될라치면, 그 누구라도 깜짝 놀라 뒤로 나자빠지겠다고 부질없는 걱정이 앞서던 것이다. 그리고 나는 저 예전의 흑백시대의 아주 단순하면서도 사람 냄새가 물씬 풍기는, 웃고 울고 화내는 표정이 그대로 헌 밀짚모자와 함께 살아 숨 쉬는 그런 허수아비가 이미 흘러가 버린 옛 노래만큼이나 암암히* 그리웠다.

어쨌든 허수아비는 그렇게 평소 내가 좋아하고 기리는 다형 선생과 어느 결에 하나로 엮이어 구순하게 벗트고 있었다. 하지만 견고한 절대고독의 낙목한천(落木寒天) 벌판에 홀로 우두커니 서있는 게 어찌 허수아비뿐이리.

사회를 움직이는 조직과 여러 생산집단이 날로 기계화되고 문명이 눈부실수록, 그리고 정년이 빨라지고 노령 인구가 급속히 불거나, 초장부터 맞춤한 일자리 없는 백수가 곱빼기로 늘어나면서, 갈 곳 없이 우두망찰하는 인생들이 너무나 흔해지고 말았다.

• 암암히 : 기억에 남은 것이 눈앞에 아른거리는 듯하게. 또는 깊숙하고 고요하게.

그들은 도처에서, 지금껏 사랑해 마지않던 가족이나 일가붙이, 친구들한테서까지 알게 모르게 비사쳐* 오는 따돌림의 징후를 발견하고 흠칫흠칫 놀라기 십상이다. 특히 나이 들어 백발이 성성해지는 경우에는 맨 정신으로는 쉬 받아들이기 어려운 추락이 아닐 수 없으리라.

내가 어떻게 일구어 낸 가정이고, 재산과 자존심인데! 싸울아비*처럼 피땀 흘려 모이를 물어다 주고, 아까운 청춘 다 바쳐 뼈 빠지게 일할 때가 언젠데, 내가 벌써?

그러나 나를 기다려 주지 않는 세월은 어느새 거기까지 무심히 달려가 버리고 말았다.

그러므로 '정승 댁 개가 죽으면 문전성시를 이루다가도, 정작 정승이 죽으면 썰물처럼 썰렁해진다'는 게 어쩔 수 없는 염량세태라 할지라도, 그 자체를 액면 그대로 인정하고 순순히 받아들이지 않으면 안 된다. 그렇게 사람살이의 본성으로 이해하고 스스로 내면화하는 게 차라리 지혜로운 늙어 감이 아니겠는가 싶기도 하다. 그러다 보면 무릇 세상 모든 일이 다 애틋이

• 비사치다 : 직설적으로 말하지 않고, 에둘러 말하여 은근히 깨우치다.
• 싸울아비 : 무사(武士).

연민스러워 보일 수도 있는 법이니까.

인간은 어차피 나 홀로의 존재이다.

이 우주 가운데 나보다 더 존귀한 건 없다는 의미의 '천상천
하 유아독존'이라는 말도, 그 깊은 바닥을 잘 헤집고 들어가 보
면 어김없이 이 절대고독과 맥락이 닿아 있음을 알게 된다. 하
늘 아래 내가 최고이고 나만이 최선이라는 뜻이 아닌, 남과는
도저히 비교할 수 없는 단독자로서의 '나 홀로'의 의미가 더 짙
게 배인 석가의 이 말씀에서, 어찌 운명 같은 슬픈 고독의 실체
를, 그 쓸쓸한 낙엽 냄새를 맡지 않을 수 있겠는가.

모름지기 인간은 태어날 때부터 오롯이 혼자서 오고, 죽을
때 역시 가뭇없이 혼자서 간다. 그 어떤 슬픔과 고통도 저 혼
자서 받나니, 그것이 곧 우리네 인간 허수아비들이 걸어가야
할 영원한 '카르마'(業)의 길이다.

비우기의
불놀이

높은 사다리를 타고 창고 지붕 위로 올랐다.

내내 미루던 너와지붕 땜질을 위해서. 지난해 장마철부터 후
줄근히 물이 새기 시작했으나, 그동안 다른 볼일도 있는 데다
가 적당히 귀찮기도 해서 차일피일 미루던 심드렁한 숙제. 그
래서 단단히 맘먹고 녹슨 못 자리 메울 실리콘과 방수액 따위를
준비해 냉큼 사다리를 탄 것이다.

지은 지 10여 년, 그 사이 지붕 또한 많이 삭고 너덜너덜해진
것 같다. 오는 봄을 채우지도 않고서 또 성큼 와버린 한여름 뙤
약볕이 그리 불덩이 같았는데, 어찌 그 불난 햇빛과 비바람에
시퍼런 지붕인들 성히 견디어 낼 수 있을까. 못대가리에 맞물
린 고무 고리도 바슬바슬˚ 곰삭았고, 내 부실한 몸과 마음도 이
리 문문하게˚ 허우적대는데!

˚바슬바슬: 덩이진 가루 따위가 물기가 말라 쉽게 바스러지는 모양.
˚문문하다: 무르고 부드럽다.

10여 년 저쪽의 그때는 그래도 꿈과 열정이 알차고 야무졌다. 그래서 아랫말의 건장한 일꾼과 함께 원시림 우거진 뒷산에 올라 오래된 굴참나무 껍질을 벗기고(물오르기 전의 껍질을 벗기면 금방 새것이 돋는다), 그것을 다시 굽이굽이 비탈진 좁은 산길을 따라 지게에 져 나르고, 그리고 이중의 합판으로 덧씌워진 나무골조 더그매* 위로 올려 기왓장처럼 일일이 못질해, 스스로 완성한 창고이며 너와지붕이었다.

　아주 쉽고 내구성 좋은 이즈음의 신소재 다 물리치고, 어떻게 하면 좀더 예스럽고 토속적이며 주위 환경에 잘 어울릴 수 있을까, 혼자 고민하다가 그리 기를 썼던 것. 그런데 그게 비가 새다니, '덧없음'의 의미는 이런 데서도 여지없이 적용되나 보다.

　하지만 애잔한 눈결로 저 지난 세월을 새삼 되돌아보자, 그저 무의미하게 곰삭고 녹슬어 사라진 것만은 아닌 것도 같다. 그 무상한 시간이 있었기에 나는 비로소 자연과 농사가 무엇인지를 알았고, 진정한 작가의 길이 어떠해야 하는 것인가도 잘 배웠기 때문이다.

• 더그매 : 지붕과 천장 사이의 빈 공간.

그렇다. 모름지기 무슨 일, 어떤 분야든 적어도 10여 년은 그 한 길을 꿋꿋하게 걷고 곰파야 비로소 전문가의 초입에 들어섰다고 보아야 한다.

사랑하는 부부도 최소한 10년은 아옹다옹 부대끼며 살아 봐야 참 부부애를 알 만해지고, 가까운 친구나 혁명 동지, 직장동료도 마찬가지이다. 모든 기술자나 예술인들 역시 등단한 지 최소한 10년은 더 지나야 주어진 자기 세계에서의 가능성을 알아보고, 또는 그 진가를 제대로 발휘할 수가 있을 터이다.

꼬박 반나절이나 지붕 위에서 곡예하듯 땀 흘려 땜질하고 내려오자, 이번에는 창고 안 정리할 일이 고스란히 남았다. 이 또한 오래도록 미루어 둔 숙제로, 그동안 이 예닐곱 평의 좁은 창고 안은 내가 미처 기억할 수 없는 온갖 잡동사니로 그득 채워져 있었던 것이다.

쓰다 만 책걸상과 서랍장, 장롱, 물통, 여행가방, 옷가지, 그릇, 톱과 낫, 망치 따위의 녹슨 연장에서부터 고장 난 컴퓨터와 가스레인지, 에어컨 따위의 전자제품과 헌 잡지나 책, 신문지에 이르기까지 거의 없는 것 없이 다 들어찼는데, 그중에서도 나를 가장 놀라게 한 것은 뒤주 안의 알곡식이었다.

이미 썩고 문드러져 푸른곰팡이 가득한 콩과 들깨의 마대자루 두 개가 사이좋게 부풀어 터진 채 잔뜩 원망 어린 눈초리로 나를 빤히 올려다보고 있지 않은가.

"으이구, 이게 뭐야? 어찌된 거야?"

누가 옆에서 듣고 있기라도 하듯 나는 혼자 소리쳤다. '기억력이 이리 형편없다니, 까마귀 고기라도 몰래 구워 먹었냐?' 하고 누가 옆에서 내 머리를 되게 쥐어박는 것 같았다. 곰곰 따져 보니 벌써 5~6년도 더 지난 듯싶다.

그해 여름 나는 이 콩과 들깨 농사를 위해 얼마나 많은 노고의 땀을 흘렸던가. 마구잡이로 덤벼드는 새 떼와 청설모, 해충, 잡초, 홍수 피해를 막기 위해 내 서툰 손과 발은 또 얼마나 애달아 시달렸던가. 그런데 이 보물 같은 곡식들을 감쪽같이 잊고 있었다니, 이걸 까맣게 잊고서 또 일일이 돈 주고 사 먹기까지 했다니, 나는 진정 얼마나 형편없는 치룽구니*인가.

한동안 벌린 입이 다물어지지 않았다. 이미 굳어 버린 망각증을 스스로 한탄하며 그렇게 한참을 서있다가, 나는 다시 마

• 치룽구니: 어리석어서 쓸모가 없는 사람을 낮잡아 이르는 말.

스크로 입과 코를 가린 채 서둘러 창고 청소를 시작했다.

그래, 비워야지. 다 비워야 해!

이미 개울가 한쪽에선 창고에서 나온 쓰레기들이 활활 불타고 있었으므로, 그 불구덩이에 아까운 곡식 쓰레기들도 한데 쓸어 넣었다. 불에 타지 않거나 태워서는 안 될 물건들은 아는 고물상을 불러 쾌히 가져가게 하고, 태워도 괜찮을 것들은 아낌없이 다 그렇게 태워 없앴는데, 고물상이 거의 반 트럭 가까이 실어 가고도 남은 게 또 그만큼이다.

아, 쓸데없고 부질없는 욕심 주머니여.

나는 태우고 또 태웠다. 타오르는 불길의 화마(火魔)가 가까이 서있는 느티나무 잎사귀들에 뜨거운 화상을 입힐 정도로, 그 너머 창고 지붕에도 혹시 불똥이 날아가지 않을까 걱정될 만큼, 불길은 무섭고도 맹렬하게 솟구치며 타올랐다.

그럼에도 나의 신명난 불놀이는 쉬 그치지 않았다. 마치 배화교(拜火敎)의 독실한 신도라도 된 듯, 제법 엄숙하고도 그윽한 시선으로 그 불꽃을 지켰다.

불구덩이에 쓸어 넣는 쓰레기와 함께 그동안의 나의 가없는 욕심도 휩쓸려 들어갔고, 나이 들면서 뭔가를 자주 망각하기 일쑤인 나의 기억의 파편들도 한데 쓸어 넣어 활활 불태웠다. 밤이 이슥해질 때까지, 나는 그 불구덩이 옆에 혼자 그렇게 우두망찰하게 오래도록 서있었다.

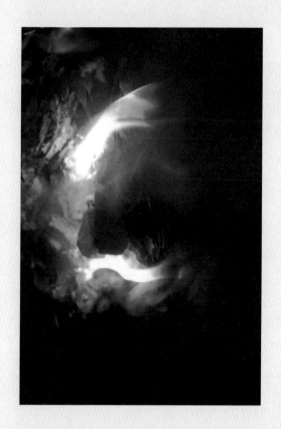

장작 쌓기

풍성한 수확철이 끝나고 슬슬 찬바람이 일기 시작하면, 산촌의 남정네들은 서둘러 지게를 지고 산을 찾는다. 겨우내 온돌 아궁이에 지필 화력 좋은 땔감을 마련하기 위해서이다. 이곳 산뱅이에서 부지런하기로 소문난 고 씨의 장작 준비는 거의 혀를 내두를 정도로 그 집착이 심한데,

"아따, 집 안에 장작이 여기저기 그득하더만, 어지간히 준비하셔요. 그러다가 등골 휘시겠어요."

내가 지레 농담 삼아 면박이라도 던질라치면, 뒤뚱뒤뚱 나뭇짐을 지고 내려오던 그이가 이마의 비지땀을 쓰윽 손등으로 훔치며 말한다.

"한겨울 등 따시게 지낼라믄 아직도 멀었슈. 처마 밑 네 귀퉁이를 꽉 채워놔야 맘이 좀 놓이니께."

"아, 그래요?"

그게 다 욕심이 지나쳐서 그러는 게 아니냐고 덧붙여 공박하지는 않았다. 하지만 그이는 한술 더 떠 이렇게 오금을 박는다.

"한 단 두 단 장작 쌓여 올라가는 재미, 모르쥬? 그걸 보는 것만으로도 절로 배가 부르다니께."

"그럼요. 한겨울엔 그저 따뜻한 게 제일인데, 집 안팎을 높이 둘러싼 장작더미는 보기에도 좋더라구요."

사실이 그랬다. 고 씨가 짐짓 배 내밀어 강조한 '배부름'의 속 깊은 경지까지는 못 미치더라도, 잘 벼린 도끼날에 찍혀 허옇게 쩍쩍 벌어진 장작들이 일정한 길이와 두께, 모양새로 말간 나무속살을 그대로 드러낸 채 켜켜이 쌓여 있는 장작더미는, 정말 한 폭의 아름답고 정겨운 토속 풍경화가 아닐 수 없었다.

특히나 아래뜸 굴다리 초입의 김 씨네 장작더미를 보면 절로 입이 떡 벌어질 지경인데, 길 건너 이웃 폐가 안마당과 그 사방 집둘레를 성벽처럼 채운 것도 모자라, 자기네 집에까지도 똑같이 그렇게 온통 잘 마른 장작들로 거늑하니* 둘러치고 있어서, 때로는 그 욕심이 좀 지나치다 싶기도 했다.

그러나 정작 내가 많은 장작을 수시로 마련해야 될 형편으로 치닫자, 나는 그제야 아하, 이래서 그리들 장작 준비에 극성이

• 거늑하다 : 부족함이 없어 마음이 아주 느긋하다.

었구나, 뒤늦게 긍정의 고개를 끄덕였을 뿐 아니라, 그렇게 쌓아 놓은 다음의 배부름이 또 얼마나 등 따습고 기분 좋은 의미를 두루 내포하는지도 너끈히 깨달을 수가 있었다.

산속에 집 지은 지 12년 만에 은근히 마음속에 그려 오던 작은 벽난로를 들였다. 해마다 겨울이면 어김없이 찾아오는 심각한 난방문제 해결책의 한 수단이되, 그 따뜻한 난로 속 푸른 불꽃을 그윽이 응시하며 어떤 심오한 영감과 위안을 얻고자 한 셈속도 없지 않았다.

하루가 다르게 치솟는 기름보일러의 유류비 대기도 너무 벅차서, 처음엔 그럼 나무보일러는 어떨까 하고 이리저리 수소문하며 그 장단점을 꼼꼼히 살폈으나, 이게 또 보통 골치 아픈 일이 아니었다. 그래서 쌈직한 벽난로를 들여 장작불로 실내 냉기를 덥히면, 그런대로 난방비를 아낄 수도 있지 않겠냐는 결론에 이른 것이다.

하지만 어렵사리 벽난로를 들여 놓고 나니, 그 땔감 마련이 결코 만만치가 않았다. 잘 마른 참나무 장작이라야만 진액이나 그을음이 안 생기고 화력 또한 월등히 좋다고 해서 또 여기저기 수소문해 알아봤더니, 그 가격이 아연 기름 값에 못지않았다.

참나무의 진가를 여기에서도 유감없이 맞닥뜨렸거니와, 일단 점화식은 옹골차게 한 번 치러야겠기에 비싼 참나무 장작을 조금 사들여 불을 활 지폈더니, 역시 그 정겨운 운치나 훈훈한 온기가 기대 이상이었다. 나는 곧 불을 숭상하는 배화교도로 돌변, 습관처럼 벽난로 앞으로 바짝 다가들게 마련이었다.

그렇지만 공짜로 밥 먹여 주는 법이 어디 있던가.

겨우내 냉골 같던 집 안 공기가 불빛 은은한 행복감으로 바뀐 데 따른 대가는 꽤나 무거웠다. 지난해 간벌한 절골 산에서 베어진 아름드리 참나무들을 적당히 싼 가격에 사들인 나는, 그걸 다시 동네 일꾼과 함께 져 날라 옮긴 이후, 거의 하루도 쉴 새 없이 톱질해 자르고, 날선 도끼로 쪼개고, 눈비 안 맞을 처마 밑으로 장작 쌓아 올리기에 온 정성을 쏟아붓지 않으면 안 되었다.

그렇게 쌓아 올린 장작더미를 보자, 나도 어김없이 안 먹어도 배부르고 절로 등 따스웠다.

겨울

상상력이
열리는 창

영어에서의 창과 바람은 어원이 같은 뿌리라고 했다. 창(*win-dow*) 안쪽에서 밖을 내다보면, 바람(*wind*)이 훤히 손에 잡힐 듯 보인다는 것이다.

그 바람을 온몸으로 막아 주면서, 또한 이쪽과 저쪽을 따뜻한 벗이나 연인으로 연결시켜 주는 창은, 그래서 운명처럼 바람과 한 몸으로 부대끼며 동화될 수밖에 없으리라.

그래서인지 함박골 우리 집 거실에서 창밖을 내다보면, 사계절을 오가는 바람이 통째로 고스란히 다 바라보이며 내게로 다가온다. 제법 면적이 넓은 통유리의 네모진 창으로, 연신 피었다 스러지는 온갖 바람이 마치 반가운 손님이기나 한 것처럼.

그럴 때의 창은 또 에누리 없이 투명한 순백의 도화지로 뒤바뀌기 마련이다. 늘 새롭게 변하는 자연의 그림(그리움)이 한 올 남김없이 온새미로 투영된다.

그래서 봄이 오면, 겨우내 침묵인 듯 얼어붙었던 땅에 따스한 봄의 입김이 닿을라치면, 산천은 이내 놀라운 생명력으로 넘쳐난다.

나는 곧 눈을 빛내며 그 경이로운 창가로 바짝 다가가 앉을 수밖에 없다. 왼쪽의 농익은 여자 엉덩이 같은 함박산 언덕바지로 소나무와 산벚 가지들이 걸리고, 저만큼 비켜 선 앞산 능선이 오른쪽으로 유장하게 뻗어 올라가는데, 골짜기를 이룬 그 한가운데로는 원경의 차령산맥 한 자락이 잉크 빛 이마를 살포시 드러내는 것이다.

진정 아름다운 건 그다음, 아주 느린 걸음으로 산색(山色)이 뽀얗게 물들기 시작하면서이다. 처음엔 있는 듯 없는 듯 연기 같은 이내˙ 빛이다가, 여태껏 죽은 줄로만 알았던 온 산천을 하루가 다른 연두색으로 부드럽게 색칠하면서 온갖 마술을 부려 대는 저 엄청난 대자연의 섭리라니!

그러다가 어느 한순간 천연물감을 확 뿌려 놓은 수채화로 뒤바뀌는데, 솟아오르는 푸나무마다 그 잎사귀와 꽃 색깔과 형태를 달리하면서 거대한 원색의 숲을 이룬다. 그 숲 안에서 절로

• 이내 : 해 질 무렵 멀리 보이는 푸르스름하고 흐릿한 기운.

만들어지는 기막힌 천지조화가 어쩌면 저리도 눈부실까.

그리하여 숲은 다시 갈맷빛 무성한 여름으로 치닫거니와, 오싹 소름이 돋을 정도로 녹음 우거지는 건 아무래도 무섭게 내리쬐는 땡볕과 세찬 비바람의 덕분이겠다. 그 벅찬 땡볕과 비바람까지 우리 집 창가로 고스란히 다 몰려드는 건 물론이다.

모든 생명 있는 것들의 목숨과 생성을 절정으로 채찍질해 끌어올리던 여름이 끝나고 나면, 계절은 어느새 결실과 조락(凋落)이 동시에 넘실거리는 빛 부신 가을.

통유리라도 쨍그랑 깨뜨릴 것 같은 하늘빛은 금방 눈물이 뚝뚝 배어날 듯 투명하게 다가오고, 만산홍엽으로 물든 산색은 다시금 마지막 남은 열정을 맘껏 불태운다. 창에 비치는 풍경 또한 1년 중 이 무렵이 가장 화려하고, 비장하고, 전율스럽도록 아름답거니와, 여기에서 촉발되는 창조적 상상력이야말로 다가오는 한겨울 저 너머의 새로운 생명을 가장 확실하게 담보하는 원천이 아닐 수 없다.

계절을 달리하며 찾아드는 이 달콤한 상상력을 더욱 완전한 내 것으로 가까이 끌어당기고 누리기 위해, 나는 가능한 한 창 안쪽의 실내를 별스럽게 꾸미지 않는 편이다.

겨울
273

처음 이 집을 지을 때 벽에다가 못질하는 건 절대 안 된다고 강다짐했던 이유도, 거기에 사진이나 그림, 무슨 장식용 액자 따위의 볼거리를 내걸어 괜스레 완물상지(玩物喪志)하게 되는 걸 미리 방지하기 위해서였다. 쓸데없는 물건이나 인위의 작품을 보고 즐기는 데 정신이 팔려, 자신의 소중한 뜻과 본심을 잃는 오망부리* 같은 행위야말로 무한한 상상력의 날개를 무참히 꺾어 버리는 어리석음이 아니고 또 무엇이랴.

일찍이 바슐라르는 그 상상력의 본질요소를 물과 불, 공기, 흙으로 보았다. 의심할 수 없는 탁견이다. 세상에서 가장 흔하면서도 귀한 이 네 가지 요소, 즉 물과 불, 공기와 흙은 아예 자연의 생명 그 자체라고도 할 수 있겠는데, 창밖으로 쉴 새 없이 펼쳐지는 사계절의 천변만화가 다 이에서 비롯된다고 해도 과언이 아니다.

하지만 바슐라르보다 훨씬 더 앞선 동양사상은 차라리 이를 하나로 묶는 일원론(一元論)으로 해석했다. '하늘과 땅과 사람이 곧 하나'라든가, '하늘의 길은 남자의 원리를 이루고, 땅의 길은

· 오망부리 : 전체에 비하여 한 부분이 너무 볼품없이 작게 된 모양.

여자의 원리를 이룬다. 그것이 곧 우주의 기(氣)다' 따위가 그것
이다. 노자는 또 이렇게 말했다.

무명(無名)은 천지의 시작이며, 유명은 만물의 어머니이다. 그
러므로 항상 무욕(無欲)함으로써 우주의 오묘함을 볼 수 있고,
유욕함으로써 우주 변화의 언저리를 만질 수 있다. 그러나 이 둘
은 같은 것이다. 단지 우리의 인식에 의해서 다른 이름을 가질
뿐이다. 검고(玄) 또 검다. 세상의 모든 묘한 이치가 다 여기에
서 나온다.

이와 같은 주장에서도 충분히 감지할 수 있듯이, 진실로 참
된 창조적 상상력이란 어느 한군데에 집착하거나 종속되어서
는 결코 나오지 않는다. 저 많은 동·서양의 진리의 말씀도 훌
쩍훌쩍 뛰어넘고, 그 어떤 종교와 이데올로기, 지역, 혈연, 학
벌, 이성(異性)에서도 훨훨 자유로워야 한다. 그래야 진정한
의미의 창조적 상상력이 발휘된다.

그러면 그다음에는 또 무엇이 오는가.

절로 살아 숨 쉬며 춤추는 물과 불, 공기, 흙의 음악성과 황
홀한 색채감, 그리고 불멸의 사랑이다.

겨울

275

도토리에 관한

명상

함박눈이 펑펑 쏟아져 내리면 세상은 온통 눈부신 은혜의 차렵 이불을 깔아 놓은 듯하다. 사람들은 내남없이 포근한 화해의 감정 속으로 빠져들면서 여태껏 잘못 살아온 수렁 같은 과거사를 눈물로 되돌아보기도 하고, 누군가를 줄기차게 미워하고 적대시한 증오감을 너그러운 용서의 마음으로 슬그머니 되돌려 놓기도 한다.

혹은 첫사랑의 아픈 상처를 아련한 그리움으로 떠올리거나, 잃어버린 유년의 푸른 고향을 찾아 눈 쌓인 마음밭을 정처 없이 헤매기도 한다.

그러나 사방 길이 막혀 버린 깊은 산속의 나는 조금 다르다. 허리춤까지 푹푹 차오른 눈더미를 애써 치울 생각은 초장부터 싹 접은 채, 먹을 걸 찾아 허둥지둥 산 아래로 내려올 뭇 짐승들(날아다니는 새를 포함해서) 걱정이 먼저 앞서기 때문이다.

그렇다고 해서 당신이 무슨 웅숭깊은 공동체의 박애주의자거나 생태환경 보호에 발 벗고 나서는 생명운동가도 아니면서 뭐 그리 호들갑스런 생색이냐고 더러는 뜨악한 사시로 흘겨볼 수도 있겠지만, 눈앞에 닥친 딱한 주변사정이 여북이나 그러하니 낸들 어찌 못 본 척하랴.

미상불 하룻밤을 지새우고 나니 눈 천지인 안마당이나 진입로 우체통 길목, 다리 건너편의 매실밭이 온통 야생의 발자국들로 어지럽다. 집 주변에만 겨우 길 같잖은 길을 내고 난 나는 서둘러 묵은 쌀자루를 찾아내고, 우리 집 견공들이 일용해 온 사료통도 함께 집어 들었다.

그리고는 눈 덮인 산길 초입과 마당가의 바위 헌식대 등에 그것들을 적당량씩 모아 놓거나 뿌려 주면서, 조금 생뚱맞게도 놈들이 가장 좋아할 먹이는 다름 아닌 도토리일 텐데, 하고 문득 생각한다. 거기에 겹쳐 떠오르는 또 하나의 얼굴, 별명이 날다람쥐인 약초꾼 최 씨였다.

지난 늦가을 산에서 내려온 그이의 등에는 윤기 자르르한 햇물 도토리 자루가 한가득 지어져 있었다. 이 철이 되면 어김없이 치르는 그이의 산 훑기였는데, 중년의 한때 거의 사경을 헤맬 정도로 중병(심한 위궤양과 연주창, 신장결석 등)에 시달리던 끝에, 순전히 이 도토리로 그 위기를 거뜬히 극복했다는 거였다. 그날도 그이는 자랑 삼아 나에게 늘어놓았다.

"위암 직전에까정 이르렀는디, 하루 세 끼 도토리묵만 스무 하루를 꼬박이 먹어 댔슈. 그랬더니 말짱 나아버렸지 뭐유. 또 그 가루를 피부에도 바르고, 차처럼 마셔 대고 허니까니 이런 저런 고질병이 싹 없어지더라니께유."

그러면서 그이는 참살이 알칼리성 식품인 도토리가 명약 중의 명약이라고 입에 침이 마르던 것이다. 하지만 나는 끝내 별로 달갑잖은 반응만 불쑥 드러내고 말았다.

"그래도 다람쥐 형제들 먹을 건 좀 남겨 두고 오셨죠?"

틈만 나면 사람들이 떼 지어 산으로 들어가던 철이라 나는 괜스레 심통이 나서 점잖게 쏘아붙였던 것이지만, 그이는 여전히 지치지 않고 도토리 예찬을 한참이나 더 늘어놓고 나서 경중경중 아래뜸으로 내려갔다.

기실 도토리가 우리 몸에 좋다는 건 나도 익히 아는 편이다. 아주 오래전부터 우리의 별난 구황식품이었던 도토리는 본디 단단한 골기(骨氣)를 품은 참나무 열매로, 유독 흉년이 들었을 때 더 잘 열린다고 했다. 그래서 가난에 시달리던 서민들은 그 걸로 묵을 쑤어 먹고, 밀가루에 섞은 수제비나 국수, 부침개로 도 부쳐 가며 허기진 배를 달래었다.

토종꿀에 오래 담가 두었다 먹으면 뼈가 쇳덩이처럼 단단해 지면서 머리카락이 희어지지 않는다는 꽤 그럴 듯한 속설도 있 거니와, 오죽하면 신선들의 불사약으로도 알게 모르게 회자되 었을 것인가.

하긴 항암효과가 뛰어나다는 상황버섯이나 버섯 중의 버섯 인 표고의 배양목이 다름 아닌 참나무인 것만 봐도, 그런저런 빼어난 효능은 충분히 미루어 짐작할 수 있을 것 같다. 검게 타 서 더욱 아름다운 참숯의 재료 또한 도토리의 어머니, 떡심 좋 은 참나무이지 않은가.

그래서 나는 감히 우리나라의 대표 나무가 뭐냐고 묻는다면 단연코 참나무를 꼽겠다. 그 외관으로나 정서상으로는 물론 독 야청청한 소나무가 으뜸이겠지만, 그 먹을거리로나 실제 응용 에 있어선 결코 이 참나무를 뛰어넘진 못하리라.

도토리묵 원료의 으뜸인 졸참나무를 비롯해서, 잎으로 떡을 싸서 보관했다는 떡갈나무, 두꺼운 껍질로 너와집 지붕을 넉넉히 덮어 주었던 굴참나무, 나무꾼들의 짚신 밑창에 깔았던 신갈나무, 껍질이 좁고 긴 주름으로 갈라진 갈참나무, 그 튼실한 열매를 왕실에 진상했다는 상수리나무를 이른바 '참나무 6형제'라 부르는데, 산중에 널려 있는 저 수많은 나무들 중에서도 특히 이 여섯 참나무는, 바로 우리 곁에 우뚝 서있는 정겨운 '형제 나무들'이라 해도 크게 어긋나지 않을 듯싶다.

발효의 향기

식구들과 떨어져 살다 보니까 본의 아닌 홀아비 노릇을 다반사로 겪는다. 그러자니 자연 입에 풀칠하는 문제도 거의 스스로 해결하지 않으면 안 된다.

그래서 때로는 먹는 일이 귀찮고 성가실 경우도 많지만, 그걸 빼면 또 무슨 재미로 이 팍팍한 삶 올차게* 이어갈 수 있을까. 인생의 모든 기쁨과 의식(儀式)의 배후에는 반드시 먹음직스런 음식이 한 상 그득 차려져 있지 않은가 말이다. 슬픈 장례 식장에서조차 대개의 조문객들은 의례적인 인사치레 끝내기 바쁘게, 우선 먹고 마시는 데 더 열중하기 마련이다.

그럼에도 요즈음의 먹자판 일색의 세태는 아무래도 너무 막 나가는 것 같다. 지나친 미식이나 과식, 그빨로* 쩝쩝거리는 입 소리가 판을 친다. 그래도 아직은 못 먹고 못사는 계층이 더 많은 형편에서, 그이들의 딱한 처지도 조금은 구순히 배려하고 혜

• 올차다 : 허술한 데가 없이 야무지고 알차다.
• 그빨로 : 나쁜 버릇을 버리지 않고 그대로.

아리는 아량이 필요하지 않겠는가.

그런 면에서 보자면, 우리한테 겨울나기 김장김치 같은 발효 음식이 유난히 발달한 건 참 다행스런 일이 아닐 수 없다. 입맛의 다름이나 신분의 높고 낮음을 상관치 않고, 한국인이면 어느 집에서나 일상처럼 저마다의 사정에 맞춰 행사 치르듯 담가서, 먹을거리가 풍족치 못한 추운 한겨울을 아주 실속 있게 날 수 있기 때문이다.

빈부격차 없이 쉬 찾아 먹을 수 있는 우리네 기본 반찬거리 김치. 이를 위해 해마다 이맘때쯤이면 각 관공서나 사회단체 주관으로 드넓은 시청광장 같은 데서 엄청난 규모의 자선행사로 벌이는 '이웃돕기 김장김치 담그기'는 아마 세계에서도 그 유례를 찾기 힘든 대단위 선행일 것이다.

텔레비전에 비치는 이 모습을 퍽이나 흡족하게 지켜보며, 나는 나대로 올해 직접 재배해 거둔 김장거리 채소들을 혼자 다듬고 절여, 시장에서 사온 다른 부재료들과 함께 정성껏 버무려 본다. 인터넷에서 메모해 둔 요령과 관련 서적까지 참고하면서, 몇 되지 않는 식구들 먹을 만큼만 적당히, 그러나 갈팡질팡 애먹으며 치러 내는 온몸 작업이니, 손맛 좋은 아내가 알면 얼마나 가소로울 것인가.

그래서 미리 알리지 않고 도둑고양이처럼 궁상맞게 혼자 후 딱 해치웠는데, 뒤늦게 내 김장(특히 동치미와 돌산갓김치) 맛을 본 식구들은 그런대로 맛있다며 얄궂은 칭찬을 아끼지 않는다.

그다음으로 도전해 본 발효음식은 홍어 삭히기.

먼 곳에서 찾아올 반가운 손님을 위해서이다. 언젠가 가자미 식해를 담을 때 톡톡히 실패한 적이 있어, 이번엔 아주 마음 단단히 챙기고 가리새* 있게 덤벼들었다.

제대로 된 흑산 홍어 한 마리를 구입하려면 자그마치 50~60 만 원쯤은 생뚱맞게 지불해야 한다. 그래도 없어서 못 파는 실 정이란다. 옛날 어릴 적 무슨 잔치나 명절 때는 그리 흔하고 쉽 게 접할 수 있었던 둥글넓적한 그 못난이 생선이 왜 이리 금치 기* 없이 값이 치솟았는지 알다가도 모르겠다.

그래서 나는 이를 이내 포기하고, 그에 훨씬 못 미치는 저 남 미(칠레나 아르헨티나) 쪽에서 물 건너 온 수입산을 쓰기로 한

· 가리새 : 일의 갈피와 조리
· 금치기 : 물건의 시세를 따져서 값을 매기는 일.

다. 그것도 잘만 고르면 찰떡처럼 씹히는 고깃살의 식감이나 코를 톡 쏘는 풍미를 용케 즐길 수가 있은즉, 그것을 어떻게 삭히느냐 하는 대목이 아주 중요하다. 그에 따라 고유한 홍어 맛의 성패가 갈린다.

우선 통통하게 찰진 암홍어를 골라 오면, 그것을 깨끗하게 손질한 다음(절대 물로 씻으면 안 되고 깨끗한 백지나 마른 행주로 닦아 낸다) 손바닥만 한 길이로 각을 떠 달항아리 같은 오가리*에 차곡차곡 안친다. 이때 오가리 안에는 물론 잘 마른 볏짚이 듬성듬성 깔려야 하는데, 각을 뜬 살점을 한 켜 한 켜 안칠 때마다 그 사이에 이 볏짚을 조금씩 끼워 넣는 걸 잊지 말아야 한다. 그리고 맨 위에는 향기로운 생솔가지를 덮고 밀봉하면 끝.

그러면 홍어를 칼질할 때 나온 푸짐한 애*는 어떻게 먹는가? 사실은 이게 또 희한하다. 한겨울 눈밭에서 돋아 나오는 여린 보리싹을 뜯어, 이것들과 함께 된장 풀어 애국을 한번 끓여 보라. 그 부드럽게 달착지근하고, 뽀얗게 고소한 바다맛이라니, 유리창에 얼어붙은 북풍한설이 후루룩 녹아내린다.

• 오가리 : 항아리의 전남 방언.
• 애 : 홍어의 간.

그리고 드디어 오가리에 안친 홍어가 날내 없이 다 익었을 때, 나는 다시 잘 벼린 식칼을 마련한다.

그 칼로 인절미나 깍두기를 썰듯 일정한 두께와 크기로 삭힌 홍어를 싹둑싹둑 든손®으로 썰어 내면, 온 도마 위로 은은히 퍼지는 눈물겨운 암모니아 냄새. 나는 여기에서 저 아득한 고향의 두엄과 흙냄새, 바다 냄새를 단박에 맡아 낸다.

그 탐스런 살결은 또 영락없이 진한 적송(赤松)의 속 무늬와 색깔을 그대로 띠어서, 나는 차라리 삭힌 몬도가네 식 생선이 아닌, 그 어떤 영험한 제물을 마주하고 앉은 듯한 착각에 짐짓 빠져들기도 한다.

이런 때 함박눈이라도 발맞춰 사뿐히 내려 준다면 더욱 금상첨화이다. 사랑하는 벗과 그 시린 설경 바라보며 막걸리 잔 기울이는 흥취를 또 어디에 견줄 것인가.

남들은 흔히 돼지수육과 홍어를 묵은 김치에 싸 먹는 '홍어삼합'을 일미로 친다지만, 나는 조금 다르다. 단순한 홍어만을 즐긴다. 찍어 먹는 양념장도 참기름이 안 들어간, 구운 소금에

• 든손 : 서슴지 않고 얼른 하는 동작.

빨간 고춧가루 섞은 것이면 충분하다. 거기에 살짝 매나니로 찍어 먹어야 홍어 본래의 깊은 맛을 음미할 수 있을 뿐 아니라, 깊고도 도도한 향취를 잃지 않는다.

우리 발효식품의 정화(精華), 삭힌 홍어!

외로운 늑대들

서울에 볼일이 좀 있어 오랜만에 산속 집을 나섰다.

낡은 중고 경차로 위험한 고속도로 달릴 생각은 애당초 접어

두고, 사람 북적이는 대중교통을 이용하기로 한다. 천안 시내

버스가 30분마다 오가는 광덕사(廣德寺) 종점 부근 주차장에

덜컹대는 내 작은 차를 잠시 맡겨 두고, 시내버스로 한 시간쯤

달려가 다시 천안역에서 서울행 전철로 갈아타는 것이다.

버스에 오르자마자 나는 벌써부터 얄궂은 여행 기분에 젖어

든다. 인적 드문 산중에서의 모처럼의 외출이어서인지, 옆에

서 웃고 떠드는 등산객이나 장보러 나가는 허수로운˚시골 노인

네들까지 두루 정겹다. 오롯이 사람이 그리워서, 사람들과 함

께 나누는 말이 고파서 그냥 무심히 텔레비전을 켜놓기도 하는

무료한 산골생활이었음에랴.

거기 침묵의 땅에서 용케 빠져 나왔으니, 어디론가 바삐 오

˚허수롭다: 짜임새나 단정함이 없이 느슨한 데가 있다.

가는 무심한 행인들마저 어찌 반갑지 않을 것인가. 아무런 목적의식 없이, 단순히 사람구경하는 것만으로도 내 바깥나들이의 의미는 충분히 보상받고도 남는다 하겠다.

하지만 전철을 타기 위해 역사 옆 광장으로 꺾여 드는 순간, 내 소박한 기대는 여지없이 빗나가고 말았다. 한 무리의 노숙자들이 그 한 모퉁이에서 벌겋게 둘러앉아 낮술을 마시고 있어서였다. 그들은 바삐 오가는 행인들을 전혀 아랑곳하지 않은 채 모주망태로 공중도덕을 깔아뭉개고, 문뱃내* 나는 소리 질러 쟁쟁히 떠들고, 세상에서 버림받은 데 대한 울분을 터뜨리며 듣기 민망한 욕설로 시끄러웠다. 완전히 무법지대 같았다.

눈살이 절로 찌푸려졌지만 애써 그들을 피해 전철을 탔는데, 이번엔 바로 옆자리에 앉은 웬 불량청년이 자꾸만 신경을 건드린다. 앞다퉈 자리 잡을 때부터 다리 꼬고 앉은 이 친구가 눈에 거슬렸으나, 먼 길 편히 좀 앉아갈 욕심으로 남보다 한발 먼저 그 자리를 덥석 차지한 게 탈이라면 탈이었다.

그러거나 말거나, 용모가 까칠한 청년은 금방에라도 손에 움

· 문뱃내 : 술 취한 사람의 입에서 나는 냄새. 문배 냄새와 비슷하여 이르는 말이다.

켜쥔 스마트폰을 냅다 내동댕이칠 듯 잔뜩 화가 나있었다. 왼쪽 무릎 위에 올린 긴 오른다리 한 짝을 축구공 몰듯 달달달 떨고 흔들어 대면서, 스마트폰 폴더를 거칠게 여닫는 걸 되풀이하며 자기 혼자 뭐라고 열심히 구시렁대는데, 아무튼 제정신이 아닌 것만은 분명해 보였다.

지난밤을 불면으로 뒤척였던 터라 목적지에 도착할 때까지 모자란 잠이나 좀 자둘 요량으로 눈을 감았지만, 그 또한 어림없는 노릇이었다. 옆에서 방언하듯 혼자 중얼중얼 말씹는 청년이 금방에라도 무슨 예기치 못한 해코지 짓을 툭 저지를 것만 같아서였다.

자고나면 별의별 사건사고로 끌탕*치는 험한 세태라, 불특정 다수를 향해 무작위로 벌이는 그런 범죄행위를 이 옆자리 청년인들 어찌 안 저지른다고 장담할 수 있겠는가. 만약 사랑하는 애인한테서 일방으로 버림을 받았다거나, 될 듯 될 듯하다가 끝내 안 되고 마는 취직, 또는 열심히 다니던 직장에서 억울하게 해고통지를 받아 분노에 치를 떨고 있다면, 한순간의 홧김

---

* 끌탕 : 속을 태우는 걱정.

에라도 죄 없는 내 목을 덜컥 양손으로 감아 조를지도 모를 일.

그때 뜬금없는 웬 광신도가 전철 뒤칸에서 불쑥 나타났다.

"예수천국, 불신지옥!"

지옥에 가지 않으려면 서둘러 교회에 나오라는 거였다. 붉은 글씨의 어깨띠를 두른 그 광신도 사내는, 오로지 우리 주 예수님만이 온갖 불의와 부정, 불신으로 가득 찬 이 더러운 세상을 구원할 수 있다고 소리소리 외쳐 댔다. 그러나 전철 안 승객들은 아무도 그에게 귀 기울이지 않았다. 아무도 눈여겨 쳐다보지 않은 채, 묵념 어린 고개를 푹 꺾고서 저마다의 스마트폰 들여다보기에 푹 빠져 있었다.

그들은 왜 또 하나같이 검은 복장 일색인지 내 눈을 의심할 지경이었다. 어느 거대한 상가(喪家)에 집단으로 문상 온 것 같았다.

그리하여 나는 또 문득 내광쓰광한* '외로운 늑대들'을 떠올렸다. 이 승객 하나하나가 행여 다들 자생적 홀로 테러리스트가 아닐까 싶었던 것이다. 다 함께 한 공간에서 숨 쉬고 있으

---

* 내광쓰광하다 : 서로 사이가 좋지 아니하여 만나도 모르는 체하며 냉정하게 대하다.

되, 저마다 나름대로의 반역을 꿈꾸는 외로운 저항아들. 그토록 자랑하는 선진국 대열에 어렵사리 들어섰으나, OECD 국가 중 자살률과 교통사고 사망률, 범죄율, 노인 빈곤율 등이 두루 최고인 나라의 국민이 바로 이 승객들 아닌가.

이들은 매일같이 벌어지는 끔찍한 국제 테러사건들을 무한정 마주하고 산다. 그 복면의 테러리스트들은 비각의 증오 어린 종교분쟁과 내전, 일찍이 무자비한 식민제국이었던 강대국들한테의 뒤늦은 복수전 등으로 쉴 틈이 없는데, 그 참혹한 자살폭탄이나 참수, 무차별 총격 장면을 그 즉시 피 터지는 생중계로 생생히 목격하게 되니, 인간의 잔인성이나 범죄 가능성을 알게 모르게 그대로 전수받는 듯한 착각에도 쉬 빠져들지는 않을까, 걱정될 경우가 많다.

그래서 잠재적 나 홀로 테러리스트가 갈수록 더 생산되고, 그에 따라 이 땅에서의 흉악범죄 사건 또한 나날이 더 잦아지는 건 아닌지?

바로 그때 또 다른 '늑대'가 전철 안 통로를 지나간다. 움직이는 전철만 골라 타고 다니며 가재기* 장사하는 불법 외판원이다. 그럴 듯한 사탕발림으로 제품을 짧고 굵게 알근달근* 설명하고 나서, 두어 바퀴 휙휙 돌아다녀도 그게 전혀 안 먹혀들자, 기운 썰썰히* 빠진 사내는 성난 혼잣소리로 중얼거리듯 짧게 욕설을 내뱉으며 다른 칸으로 급히 사라졌다.

목적지에 이르러 전철역 개찰구를 빠져나오자, 마치 콧속에서 기다렸다는 듯 밭은 재채기가 연이어 터져 나왔다. 오염된 공기와 도시 냄새에 민감한 알레르기 비염체질의 내 코가 그만 정확한 센서를 작동시킨 탓. 만 하루도 지나지 않아서 잠시 기대에 부풀었던 '여행' 꿈은 이내 까막별로 사라지고, 떠나온 함박골 산천이 마냥 그리웠다.

하지만 거리를 헤매는 저 숱한 외로운 늑대들은 진정 어디로 가야 할 것인가? 쉬운 답이 하나 있긴 있다. 잃어버린 저마다의 고향(또는 자연)의 품으로 다시 돌아가는 것이다. 고향은 그 누구라도 다 반겨 맞아 주는 곳이므로.

· 가재기 : 튼튼하게 만들지 못한 물건.
· 알근달근 : 맛이 조금 매우면서 달짝지근한 느낌.
· 썰썰히 : 속이 빈 것처럼 시장한 느낌으로.

겨울

이제는 그만!

"차 좀, 태워, 주세요."

서툰 발음으로 애원하듯 던져 오는 눈빛이 선량하다. 방글라데시나 네팔 어디쯤에서 온 듯싶은 이국청년이었는데, 그의 등 뒤에는 다른 동료가 하나 더 가년스레 서있었다. 버스정류장에서 발을 동동 굴리다가 불현듯 용기 내어 적당히 만만해 뵈는 내 중고 경차를 불러 세운 것. 청년이 다시 변명 삼아 더듬거려 말한다.

"빨리빨리 일 나가야 하는데, 버스를 놓쳤어요."

"어디로 가는데요?"

"천안역이요."

"내 가는 곳은 거기가 아니지만, 일단 타보시오."

사정이 오죽 긴절했으면 나 같은 낯선 한국인 차를 손 흔들어 세웠을까 싶어, 더 망설이지 않고 두 사내를 흔쾌히 실어 주었다. 뒷좌석에 나란히 올라탄 그들은 몇 번씩이나 고맙다면서 번갈아 고개를 주억거린다. 내가 다시 넘늘이° 입을 열었다.

"천안역 쪽에 일터가 있어요?"

"아뇨, 거기 소개소 앞에, 농장 봉고차가 대기해요. 그거 타고, 다시 농장으로 가야 해요."

"이 한겨울에 무슨 농장?"

"비닐하우스. 거기 가서 오늘 밤샐 거예요."

"아, 그래서 점심 후에 일 나가는구먼."

그제야 대충 짐작이 갔다. 이제는 추운 한겨울에도 아랑곳없이 사계절 내내 상추 같은 푸성귀를 비롯한 오이, 풋고추, 시금치, 딸기, 토마토 따위의 갖가지 작물을 맘껏 먹을 수 있는 세상이라는 사실도 새삼 실감나게 다가왔다. 앞으로는 흙이나 햇빛이 전혀 필요 없는 식물공장까지 세워질 거라는 형편이고 보면, 오롯이 비닐멀칭조차 마다하는 내 고집스런 친환경 자연농법은 시대에 뒤떨어져도 한참이나 뒤떨어진 건지도 모른다.

어디 식물공장뿐이랴. 대단위 양계장이나 소, 돼지축사도 이제는 거의(일부 양심 축산업자는 말고) 단순한 '동물공장'으로 전락한 지 오래인 것을!

·넘늘이: 점잖을 지키면서도 말이나 행동을 흥취 있게 하여 즐겁게 하는 일.

"아저씬, 어디 가세요?"

괜히 미안쩍었던지 목적지가 가까워지자 한 친구가 불쑥 입을 뗀다. 나는 아무렇지 않다는 투로 웃으며 받았다.

"한의원에 침 맞으러. 봄부터 가을까지 서툰 농사짓느라 고생했더니, 온몸이 안 쑤시는 데가 없어요. 허리가 부러질 것 같애."

"그럼 아저씨도 비닐하우스 많겠네?"

"그런 거 하나 없이, 순전히 맨땅에 헤딩하기 식으로 호미 잡고 농사지으니까, 이리 골병든 게지. 자, 다 왔네. 어서 내리셔."

"고, 고맙습니다. 안녕 가셔요."

두 이국청년은 유난히 하얀 이를 무람없이 드러내 보이며, 손까지 흔들어 주고 곧 시야에서 사라졌다. 재래시장 옆 공터에 잠시 차를 세운 나는, 꽤 오랜만에 와보는 이 역전 맞은편 시장 골목의 변화된 모습에 적이 놀라 눈을 휘둥그레 굴리지 않을 수 없었다.

불과 3~4년 사이에 이리 놀랍도록 달라질 수 있을까. 완전한 중국인(조선족) 거리였다. 한때 내가 즐겨 드나들었던 병천

순대 식당은 낯선 양꼬치구이 집으로 바뀌었고, 여기저기 나붙은 간판들도 외국인 전문 식품점이나 노래방, 여행사, 구육(狗肉) 식당 등으로 즐비했다.

조금 더 자세히 살펴봤더니 그곳의 주류가 단지 조선족 중국인일 뿐, 해외 각처에서 온 이주민 노동자들이 다종다양하게 분포되어 있었다. 인도, 베트남 식당까지 다른 골목에 붙박여 있는 걸로 미루어, 교통 요충지인 천안을 중심으로 한 인근 지역 이주민 노동력이 거의 다 이곳으로 모여드는 것 같았다. 그 사위스런 분위기의 이주민들로 해서 오히려 내가 영 어울리지 않은 이방인으로 취급될 지경이었다.

사실 그들이 이 나라의 거칠고 험한 일자리를 대신해 차지한 지는 이미 오래전이다. 무려 100만을 헤아리는 숫자의 내국인(특히 청년들)이, 단지 '힘들고 더럽다'는 이유만으로 그 숱한 공장과 농장, 현장, 어장의 일자리를 이들한테 고스란히 내주고 있다는 이야기인데, 그렇다면 심각한 청년실업 사태로 홍역을 앓고 있는 오늘의 사회문제는 우리의 거의 대다수 청년들이 대학을 나오는 고학력 풍조가 불러일으킨 역설이기도 할 것이다.

그들은 오로지 때 묻지 않은 책상물림의 화이트칼라만을 고집하고 선호한다. 대우 좋은 대기업의 높은 문전을 기웃거리거나 평생 철밥통을 보장하는 공무원 시험 등에만 매달리는 경향이 있다. 고생에 한이 서린 그 부모들 역시 자식이 손에 흙 묻히고 기름 적시는 걸 한사코 마다하니, 어찌 직업 선택에서 차별 없는 선순환을 기대할 수 있을 것인가.

하지만 이보다 더 큰 문제는 앞으로의 발 빠른 산업현장 기계화라고 본다. 진정 거대하고도 심각한 문명의 역습이 기다리고 있는 것이다. 아니, 시방도 온갖 요지경 속인 스마트폰으로 해서 머슬머슬하게* 빼앗기는 일자리가 얼마나 많은가.

카메라에 녹음기, 낯선 길을 손바닥 들여다보듯 친절히 안내해 주는 지도와 내비게이션, 달력과 시계와 비디오, 음반, 영화, 신문들, 백과사전, 오락게임기, 계산기는 물론, 어두운 밤길 비춰 주는 꼬마 손전등까지 두루 최첨단으로 장착되어 있으니, 그에 관련된 산업체 혹은 가게 종사자들은 또 얼마나 큰 타격으로 일자리를 빼앗기고 있는가!

요즈음 한창 주목받는 드론만 해도, 인간의 일자리와 질서,

• 머슬머슬하다 : 탐탁스럽게 잘 어울리지 못하여 어색하다.

안녕을 위협하는 당장의 발등의 불로 성큼 다가오는 게 눈에 훤히 보인다. 그것이 괴이쩍은 생화학 무기나 소형 원자탄이라도 싣고 조종사 없는 가미카제처럼 적진에 튀어들면 그 결과는 얼마나 참담하고 끔찍할까.

문명의 발전이 어디 이에서 적당히 그치고 말겠는가.

눈부시게 진화하는 공장 기계화와 로봇산업은 더 많은 일자리를 실업으로 허덕이는 인간들한테서 더욱 가차 없이 빼앗아 갈 터이다. 똑같은 일을 무한 반복하는 통조림공장 같은 단순제조업은 물론, 은행 창구직원이나 검표원, 민원실 공무원, 시계 조립공, 백화점 영업까지도 이 기계들이 담당할 날이 머지않았다면, 일자리에서 마구발방으로 쫓겨나는 숱한 인간들은 그저 아연실색할 수밖에 없으리라.

그러므로 이제 이쯤에서 그저 앞으로만 곧추 달려 온 문명의 뜀박질을 과감히 중단해야 한다.

무인(無人) 항공기나 무인 자동차의 그 빈자리 유인(有人)들은 도대체 어디로 가서 어떻게 먹고살라는 것인가 하고 아우성치기 전에, 사람보다 무서운 숱한 기계들의 더 이상의 무자비한 역습이 몰려오기 전에, 유엔 같은 기구가 앞장서서 19세기초 영국의 제 1차 산업화 과정에서 벌어졌던 '기계파괴 운동' (*luddite*)이 범세계적으로 다시 들불처럼 일어나야 한다.

스톱, 이제는 그만 과학발전을 멈추자, 라고.

하지만 문명은 '이 순진한 배돌이*!'라고 나를 마냥 비웃을 것이다. 멸망의 길인지 빤히 알면서도, 문명을 향한 인간의 진화 본능은 끝이 없는 거라고 친절히 설명해 주면서.

---

* 배돌이 : 한데 어울리지 아니하고 조금 동떨어져 행동하는 사람.

깊은
산울림

눈 속에 갇혀 버린 한겨울.

지구촌을 휩쓰는 기상이변이 암만해도 심상치 않다 싶더니, 이번 겨울 들어서의 폭설이나 매운 한파 역시 사뭇 예사롭지가 않다. 예전에는 눈이 내려도 저 김광균 시인의 절창처럼 '머언 곳에 여인의 옷 벗는 소리'로 고즈넉이 내려 쌓였는데, 이제는 한번 내렸다 하면 무릎이 푹푹 빠질 만큼씩 퍼부어 대기 일쑤이다.

거기에 혹독한 맹추위까지 야멸차게 동반한다. 꽤나 인심 좋던 삼한사온 없어진 지도 이미 오래전, 처마 끝에 한 발도 넘게 얼어붙은 고드름은 좀체 떨어질 줄을 모른다.

이런 때의 눈이나 모진 한파는 또 여지없이 우리의 저항시인인 육사(陸史)의 〈절정〉 중 한 구절, '겨울은 강철로 된 무지갠가 보다'를 절로 떠오르게 한다.

그렇게 겨우내 눈이 오는 바람에 마을 밖으로 나가는 길은 사방으로 막혔고, 나는 온통 흰 눈에 뒤덮인 산골짝에서 분에 넘치는 외로움의 호사를 맘껏 누린다. 저잣거리로 나들이한 지도 벌써 한 달 남짓이건만, 그 비린내에의 유혹이나 일상의 사소한 볼일들은 짐짓 뒷전으로 밀어 둔 채, 깊은 겨울산의 적막에나 스며들 듯 잠기는 게 더 좋으니 이를 어쩌랴? 나도 어느 결에 땡초 같은 산중 독살이에 거뜬히 길들여졌나 보다.

그러거나 말거나 눈은 여전히 속절없이 내려 쌓이고, 눈밭 위에 찍힌 무수한 짐승 발자국들을 또 덮어 지운다. 오늘 아침에는 먹을 걸 찾아 내려온 고라니 한 마리가 우리 집 마당에서 한눈팔며 어슬렁거리다가, 이쪽에서 먹이를 주려 하자 그냥 허둥지둥 내빼고 말았다. 밤을 새고 난 눈밭 위에는 이 고라니를 포함한 너구리, 산토끼, 멧돼지 등의 크고 작은 발자국이 어지러이 찍혀 있게 마련. 온 산천이 깊은 눈밭 속에 빠져 있으니 딴은 이들이 어디서 어떻게 마뜩하니 먹고 잘 수나 있겠는가 싶다.

허기져 길을 잃고 헤매는 무리는 단지 벌거숭이 산짐승만이 아니다. 새들도 마찬가지이다. 빈 산의 벌거벗은 나무와 숲, 이삭 떨어진 들녘이나 짐승들이 애써 내깔긴 똥마저 다 눈 속에 파묻혀 버렸으니, 도무지 놈들의 먹을거리가 눈에 뵈지 않을 터.

눈 그친 뒤의 드높은 창공에 외로이 떠서 비잉빙 원을 그리며 날고 있는 솔개는, 그래서 더욱 비장해 보이기까지 한다.

나도 젊은 한때, 저처럼 천길 벼랑 위에 선 듯 절박했던 날이 있었다. 그해 늦가을, 세상을 발칵 뒤흔들어 감동시킬 만한 소설가가 한번 돼보겠다면서, 멀쩡히 다니던 직장마저 내팽개친 채 영험한 계룡산의 한 암자를 불쑥 찾아 들어갔던 청년시절.

그리고 이게 아니면 죽는다는 건곤일척의 배수진으로, 거의 허물어져 가는 그 암자 골방에서 밤새워 원고지와 씨름한 끝에 그해 신춘문예를 어렵사리 통과했는데, 나는 지금도 그때의 깊은 산의 적막한 산소리를 선명히 기억하고 있다.

시린 듯 명징한 하늘을 배경으로 새빨간 홍시를 달고 서있던 벌거숭이 감나무와 함께, 그침 없이 흘러가던 갑사(甲寺) 위 깊은 계곡의 깨달음의 물소리도.

그리고 인생의 뒤안길에 이르러 다시 그 계룡산 곁 한 자락에 새로운 둥지를 틀고 있으니, 인연이란 참 묘한 것만 같다.

쨍그랑 금이 갈 듯 투명하게 짙푸른 겨울 하늘은 정녕 슬프고도 아름답다.

거기에 흰 눈을 뒤집어 쓴 산등성이의 소나무 두어 그루를 왼쪽 전면에 걸치고, 그 원경으로 한공중에서 원무를 추는 한 마리 솔개의 절대고독은 그 자체가 숨 죽여 바라볼 수밖에 없는 기막힌 수묵화이며 절명가(絶命歌)이다. 그 절창의 그림 속 솔개는 영락없이 하늘과 땅 사이를 연결하는 영험한 영매일 수밖에 없다.

그때 나는 문득 보이지 않는 땅 밑의 나무뿌리를 본다.

그 얽힌 뿌리들 밑으로 흐르는 도도한 수맥의 깊은 물소리와, 들을 수 없는 하늘의 음악소리를 듣는다. 저 깊은 내면의 창자 속도 훤히 들여다보고, 어둠의 무덤을 헤치고 나와 정처 없이 구천을 떠도는, 어느 억울한 영혼의 애원성을 듣기도 한다. 그렇다고 해서 내게 무슨 접신 들릴 만한 신통력이 있는 것도 아닌데, 깊은 한겨울의 설경은 이렇듯 진한 울림을 절로 불러일으키는 것이다.

그렇다. 깊은 한겨울 난달° 없는 눈 속에 오래 고립된 채 홀로 깨단하게° 살다보면, 투명한 적막의 저 심연에서 울리는 아

• 난달 : 길이 여러 갈래로 통한 곳.
• 깨단하다 : 오랫동안 생각해 내지 못하던 일 따위를 어떠한 실마리로 말미암아 깨닫거나 분명히 알다.

득한 영혼의 소리를 들을 때가 있다.

어디선가 거대한 얼음덩이가 깨지는 것 같기도 하고, 물안개 자우룩하게 깔린 저 먼 바다에서 들려오는 무적(霧笛) 같기도 한 소리. 어쩌면 골짜기를 가로지르는 여러 가닥의 고압선이 매운 찬바람에 튕겨 나가는 것 같기도 하고, 또 어쩌면 어미를 잃고 헤매는 텅 빈 들판의 송아지 울음 같기도 한 소리, 아득한 내면의 소리들이 들리고 또 들린다. 여기에서의 '들린다'는 단순한 소리만이 아닌 어떤 '접신'의 속 깊은 의미까지도 충분히 함의한다.

거기에 덧붙여 눈의 무게를 이기지 못한 아름드리 소나무가 와장창 부러져 내린다거나, 창백하게 부신 달밤, 뒤란 대숲에서 갓난아이처럼 울어 대는 발정 난 고양이 소리가 한 차례 괄게 지나고 난 뒤끝이면, 두껍게 쌓인 눈과 흙의 살결을 뚫고 들려오는 산울음은, 아주 정밀하고도 원초적으로 더욱 가슴 깊숙이 스며들게 마련이다.

그런 때의 그 소리는 부질없는 우리네 삶과 죽음을 한참이나 건너뛴, 참 오묘하고도 광대무변한 저 우주의 속삭임이 아닐 수 없다.

겨울

자연의

리듬으로

다시 폭설의 계절.

　이렇게 하염없이 눈이 내려 무릎께까지 첩첩 쌓일라치면, 산에 사는 야생동물들의 먹이사슬은 여지없이 몰강스레* 붕괴되고 만다. 그들의 모든 먹을거리가 눈밭 속에 그만 깡그리 파묻혀 버리기 때문이다. 그래서 그들은 사람들이 모여 사는 인가로 슬금슬금 내려와, 이 눈치 저 눈치 만조하게* 살펴 가며 오로지 먹고살고자 기를 쓰지 않으면 안 된다. 그러다가 더러는 총 맞아 쓰러지기도 하고, 잔인한 올무나 덫에 걸려 비참한 최후를 맞기도 한다.

　그런데 오늘 아침에는 다름 아닌 우리 집 견공이 그만 그 올무에 목이 걸리고 말았다. 어떻게 그 목책이 촘촘한 우리(줄을 매지 않고 풀어서 기른 탓으로)를 뚫고 나갔는지, 눈밭을 헤치고 나

· 몰강스럽다 : 인정이 없이 억세며 성질이 악착같고 모질다.
· 만조하다 : 얼굴이나 모습이 초라하고 잔망하다.

가 밥을 주려는데 놈이 보이지 않던 것이다. 하얀 눈밭 위에 어지러운 발자국만을 새겨 놓은 채.

마당 여기저기 마구발방으로 찍힌 발자국들은 단지 우리 견공만의 것이 아니었다. 보폭이 꽤나 넓은 큰 짐승의 발자국을 비롯해서, 노루나 오소리, 토끼 따위의 여러 굶주린 야생의 흔적들이 여기저기 널려 있었다. 한겨울의 눈 쌓인 마당이나 논밭에서 흔히 보게 되는 풍경인데, 거기에 덧붙여 우리 집 견공까지 덩달아 도주의 발자국을 저지레°로 찍어 댔으니, 이 깊은 산중에 또 어디로 가서 녀석을 찾을까 한숨부터 나왔다.

긴 장화와 털벙거지로 잔뜩 무장하고 뒷산을 오르자, 한참만에 어디선가 고통에 겨워 끙끙거리는 소리가 들려왔다. 그 낯익은 신음의 진원지는 호두밭 서쪽 산기슭의 노루목이었다. 동네 밀렵꾼이 평소에도 자주 덫을 놓는 곳으로, 하필이면 거기에 산만하기 짝이 없는 녀석이 날탕으로 걸려든 거였다.

나는 부랴사랴 발목까지 빠지는 눈길을 헤치고 그쪽으로 바삐 차올랐다. 그리고 서둘러 녀석의 목을 휘감은 올무를 벗겨

• 저지레 : 일을 버르집어 그르치는 짓.

내 집으로 끌고 온 다음, 익히 잘 아는 올무 주인한테 전화를 걸어 항의성 질타를 퍼부었다.

"한 번만 더 그러시면, 당국에 고발할 겁니다!"

하지만 그이는 아주 태평스런 목소리로 느긋하게 되받는다.

"아, 헛소리 말고 어여 와요. 어제 쳐놓은 덫에 애저 하나 걸려서, 지금 막 탕 끓여 놨구먼. 어여 와서 해장이나 한잔 하시더라고!"

"이 양반이 정말?"

나는 그만 어이없어 말문이 막혔다. 언젠가 그이의 권유로 멧돼지와 노루고기를 먹어 본 적이 있는데, 맨 처음의 호기심과는 달리 그 질기고 억센 식감이나 진한 누린내가 내 입에는 영 들어맞지를 않았다. 부드럽게 길러진 일반 육류에 단단히 순치된 평소의 입맛 탓이었다.

거기에 고혈압과 고지혈증이 생긴 이즈음에는 아예 채식주의 쪽으로 시선을 돌려, 가능하면 기름기 흐르는 육류나 고칼로리 식품은 일부러 멀리하는 편이었다. 그런데 또 느닷없이 새끼 멧돼지까지 피 흘려 잡아먹고 있다고?

덫에 걸려 몸부림치며 죽어 갈 때 그 여린 산짐승은 또 얼마나 엄청난 독기를 내뿜어 댔을까. 잔인한 인간에의 복수를 얼마나 큰 목청으로 울부짖었을까.

세태가 날로 험악해지고 있다.

자고 나면 갖가지 살인과 강도, 사기, 알코올 중독과 마약, 강간 등의 성폭력 사건으로 온통 난리법석이다. 그럼에도 인륜을 저버린 강력범죄는 날이 갈수록 늘어나고, 급속한 가족해체에서 비롯된 엽기적인 가정폭력에 휩쓸려 자식이 늙은 부모를 버리고, 애비가 어린 아들을 살해하는 막장이니 더 탄식해 무엇 하리. 신문이나 텔레비전 뉴스 보기가 진정 민망하고, 무섭고, 겁날 지경이다.

끊이지 않고 되풀이되는 부정부패와 교활한 각종 비리들, 차마 짐승보다 못한 더러운 탐욕과 본능 어린 죄악의 도가니는 대체 어디에서 비롯된 것인가. 세상인심이 어쩌다가 이리 무서운 증오와 분노, 저주받은 인면수심의 갈등으로만 내처 치닫고 있는가.

나는 우선 '먹는 것'에서 그 원인을 찾는다.

우리의 몸이나 성품은 습관처럼 늘 섭취하는 먹을거리대로

지어지기 때문이다. 자연의 리듬에 따라 만들어진 좋은 식품은 맑고 깨끗하고 건강한 피와 살과 뼈로 고스란히 옮겨 가는 대신, 몸에 좋지 못한 독성식품을 먹고 마시게 될라치면, 그대로가 혼탁한 독성의 심신으로 이식될 건 불을 보듯 빤한 노릇. 그래서 사람이 걸리는 질병 중 95%가 음식을 잘못 먹어서 생기고, 그 나머지 5%쯤이 유전적인 이유라지 않던가 말이다.

그래서 그런가, 먹을거리가 넘치는 요즈음에는 능소니* 같은 어린이들이 몹쓸 성인병으로 고생하는 경우가 부쩍 많아졌다. 옛날에는 정녕 먹을 게 없어서 병에 걸렸는데, 이제는 먹을 게 너무 넘치고 많아서 병에 걸리는 기막힌 역설의 시대이다.

거기에는 매우 건전치 못한 언론매체들의 선동, 선정성도 크게 한몫하고 있다고 본다. 어엿한 온 국민의 교육기관이라고 해도 무방할 각종 텔레비전 방송들이, 틀었다 하면 다투어 온통 '처먹는(?)' 프로그램으로 도배질되어 있어서이다.

하루 한두 끼 풀칠하기도 어려운 빈민층에 대한 배려는 눈곱만큼도 없이, 어찌 저리 무한정 못된 식탐만을 부채질할 수 있

• 능소니 : 곰의 새끼.

단 말인가. 금방에라도 핏물이 뚝뚝 떨어질 것 같은 육류를, 살아 있는 그대로 인구(人口)에 회자(膾炙)되는 장면을 연속으로 보고 듣고 식탐하면서, 한창 감수성이 예민한 어린 세대는 과연 거기에서 무엇을 배우고 익힐 것인가.

그것은 다름 아닌 생명경시의 그릇된 풍조이다. 잔인한 폭력성이나 피 흘리는 식탐 대신, 부디 저 위대한 자연의 선순환의 리듬에 우리의 지친 몸과 마음을 맡기자.

책 읽는 시간

눈 속에 갇힌 한겨울의 산골살이에선 무엇보다 '혼자 놀기'를 잘해야 한다. 혼자서도 얼마든지 심심하지 않은 채 즐거울 수 있는, 아니, 그 깊은 정적과 외로움을 오히려 고양된 육체와 정신의 충일함으로 격조 있게 채우고 승화시킬 줄 알아야 한다.

그런데 일손이 뚝 끊긴 한겨울의 여기 안산뱅이 노인들은 정말 혼자 놀 수 있는 일이 거의 없다. 노인회관이 자리한 저 굴다리 쪽 아랫말이야 서로 옹기종기 모여 화투치고 이야기꽃이라도 가끔씩 피울 수 있지만, 좁고 응달진 빙판길의 띄엄띄엄 격리된 고지대 산골 뜸에선 그야말로 창살 없는 감옥이 따로 없다.

저마다 눈과 추위에 갇힌 채 눈 뜨면서 켠 텔레비전만이 다시 눈 감을 때까지 쉬지 않고 온종일 노그라지도록* 왕왕거리기 일쑤이다. 저러다가 용량 넘치는 전기 과열로 그만 폭발해 버리

---

* 노그라지다 : 지쳐서 맥이 빠지고 축 늘어지다.

면 어쩌나 싶을 만큼.

하지만 그이들은 오히려 외진 함박골에서 독살이하는 내가 더 걱정인 모양이었다. 오늘도 모처럼 안산뱅이 쪽으로 산책 삼아 마실 나갔더니,

"요즘엔 먹을 거 찾아 멧돼지 내려올 텐디, 안 무섭수?"

"외톨이라 외롭아 어쩐디야? 땔감은 충분히 마련해 놨슈?"

문을 빠끔히 열고 내다보는 아낙군수˙ 촌로마다 쯧쯧 혀를 차기에 바쁘시다. 하긴 오래전 나를 찾아와 하룻밤 묵고 간 친구는 지금도 걸핏하면 전화를 걸어와 버릇이듯 충동질이다.

"이제 그만 사람 북적이는 저잣거리로 내려오시더라고!"

자기 혼자서는 단 하루도 무섭고 외로워서 거기 못살겠더라는 격리불안증 환자가 이렇듯 의외로 많은 데 적이 놀란다.

그야 어쨌거나 나는 이를 흠뻑 즐기고 누리는 편에 속한다. 꽃 피고 새 우짖는 부신 녹색 계절들보다도 눈 쌓인 한겨울을 더 애틋이 껴안고 좋아한다. 그동안 괜스레 번잡하고 산만하게 움직일 수밖에 없었던 고단한 농부(?)의 신세에서 벗어나, 비

˙아낙군수: 늘 집 안에만 있는 사람을 놀림조로 이르는 말.

로소 내 본연의 자리를 되찾을 수 있어서이다.

자동차나 사람이 쉽게 찾아들지 못할 만큼 절해고도로 변한 '안전지대'에서, 나는 비로소 나만의 오달진 시간과 공간을 자유롭게 확보할 수 있어서이다.

그때 가장 가까운 벗은 역시 책. 책마다 한 사람씩의 위대한 스승과 도반들이 들어앉아 있어서, 그들을 속 깊이 몰입해 만날 수 있는 책읽기야말로 진실로 책 속에 길이 있다는 사실을 온몸으로 절감케 한다.

책 읽는 시간은 우선 흐트러진 정신을 한곳으로 모아, 신선한 감동과 웅숭깊은 깨달음의 길로 나아갈 수 있어서 좋다. 어지간한 외로움이나 유배지 같은 격리불안 따윈 함부로 비집고 들어올 틈조차 없이, 타인이 만든 아주 독특하고도 개성 넘치는 간접경험의 세계로 책 속의 길들이 친절히 인도해 준다. '몰입'은 그만큼 중요한 행복의 척도로서, 모르던 세계에 속 깊이 몰입할 수 있는 독서의 기쁨이야말로 그 어떤 행복감과도 견줄 수 없는 덕목이다.

모든 책읽기는 일단 공부하는 마음에서 시작된다. 공부의 길이 바로 책읽기이기 때문이다. 그러므로 읽고자 하는 책을 제대로 정독하기 위해선 우선 몸가짐부터 똑바르지 않으면 안 된다. 이슬 같은 깨끗한 정화수에 엄정한 목욕재계까지는 안 하더라도, 양치질과 세수 정도는 말끔히 끝낸 후 걸림 없이 자유로운 주위 환경부터 조성해야 한다.

이런 다짐이나 자세는 물론 그 어떤 일에나 해당되는 필수조건이지만, 그렇다고 해서 너무 경직되거나 남들 신경 쓰고 격식 차릴 만큼 고답적이어서도 곤란하다.

나의 독서습관의 경우, 무슨 잡지나 신문 등은 화장실 변기에 앉아 아주 속 편한 카타르시스 기분으로 읽어 내고, 소설이나 가벼운 에세이 종류는 잠들기 전의 침대 머리맡이나 소파 등지에서, 시집이나 인문학 등은 그늘진 나무 밑 의자나 평상 같은 데서 싱그러운 자연과 함께 호흡하며 읽어 낸다.

그리고 책을 펼칠 독서대라든가 필기구를 옆에 따로 준비해야 할 만큼 진지한 전문서적이 아니라면, 나는 가능한 한 가벼운 연필 정도만 손에 들고 가장 편한 복장과 자세로 독서에 임한다. 그러면서 아주 중요하고도 오래 기억하고 싶은 대목을 슬쩍슬쩍 밑줄 치면서 새로운 세상 속으로 천천히 몰입해 들어

가는 것이다.

그리하여 이 독서를 통해 얻어지는 가장 큰 소득은 역시 새로운 것에 대한 지식습득. '나는 공부한다, 고로 존재한다'는 호모 아카데미쿠스로서의 명제를 스스로 실천하는 데서 오는 기쁨이 바로 그것이다.

전혀 몰랐던 진리, 혹은 현상과 본질을 새로 알고 깨우친다는 것, 그것이 곧 독서의 가장 큰 동기이며 목적이 아니랴.

그 새로운 지식과 상식은 그 사람의 교양과 인격으로 곧장 이어진다. 특히 폭 넓은 인문학이 끼치는 영향은 거의 절대적이어서, 사람은 누구나 저마다의 전공이 무엇이든(기술자이든 군인, 예술가, 교수, 종교인, 사업가, 농부, 은행원, 정치가이든 상관없이) 이 인문학을 그 인간형성의 밑바탕에 깔고 있게 마련이다.

모름지기 책은 모든 학문의 길로 통한다. 그 어떤 이념이나 역사, 철학, 위대한 사상이나 정치역정도 다 이 책에서 비롯되고 끝난다.

따라서 나는 감히 '책은 밥이다'라고 말한다. 카프카는 일찍이 '책은 도끼다'라고 갈파했지만, 나는 왠지 우리의 영혼을 살지게 하는 밥을 먼저 떠올리지 않을 수 없다. 물론 카프카의 도끼는 꽁꽁 얼어붙은 얼음장을 깨뜨리는 도끼에 책을 비유, 그 두꺼운 얼음장 밑 강물의 의식혁명을 강조하는 측면에선 백번 옳은 주장이지만, 하루라도 먹지 않으면 당장 맥을 추지 못하는 밥이 내게는 더 살갑고 실감나게 다가온다.

책은 그만큼 중독성이 강하다. 무슨 알코올 중독이니 약물 중독, 스마트폰, 게임 중독이니 하고 대개의 중독은 거의 부정 일색으로 흐르지만, 독서 중독(책벌레)만큼은 이상하게도 무한긍정 쪽으로 사람들은 인식한다. 왜냐하면 책에 중독된 사람의 얼굴에선 맑고 깨끗한 예지의 빛이 언제 어디서나 고상하게, 은은히 뿜어져 나오기 때문이다.

글 농사는
한겨울

글농사는 눈 쌓인 한겨울이 제철이다. 특히나 사방 길이 꽉 막힌 첩첩 산골에선, 깊은 사색과 순도 높은 글쓰기 작업이 절로 보장되니 얼마나 굴진 청복(淸福)인가. 그에 따른 글쓰기의 능률 또한 저 철없이 바빴던 봄, 여름, 가을보다 훨씬 더 효과적이다.

물론 정신없이 바빴던 지난 계절들의 풍부한 체험과 기억들이 착실히 축적돼 있기에, 그때 차곡차곡 육화된 것들을 곳간에서 양식 꺼내어 쓰듯 하나둘 소중한 글감으로 재사용하는 셈이어서, 그때 지은 실제 농사나 직, 간접의 사회경험, 사람들과의 복잡다기한 관계, 폭넓은 독서의 결과들이 정교한 그물코처럼 씨줄날줄로 다 엮여 있게 마련.

그래서 청량하고 적막한 한겨울의 글농사는 그 어느 때보다 낫잡은° 풍작일 수밖에 없다.

하얗게 눈을 뒤집어쓴 나무들과 그 위에 투명하고 높푸르게 펼쳐진 거울 같은 하늘을 보면 우선 정신부터 훤히 맑아지지 않을 수가 없다. 거대한 적막에 든 주변의 겨울풍광은 또 어떤가. 굳이 '없음은 천지의 처음을 이르고, 있음은 만물의 어머니를 이른다'는 《도덕경》의 귀에 익은 뼈진 말씀이 아니더라도, 이런 자연환경에서 벼리어 계속 생활하다 보면 자신도 모르는 새 맑고 밝은 심안(心眼)이 열리게 될 건 너무 당연한 일.

애써 머리 굴려 답을 찾지 않고 온몸으로 의문 덩어리 그 자체가 되어, 천지 허공의 경계를 스스로 체득하고 나서 비로소 깨달음을 얻는 마음눈이 생겨난다.

그러면 또 다른 내가 보이기 시작하고, 남의 창자 속을 훤히 들여다볼 수도 있다. 겉으로 드러나는 사물의 현상만이 아닌, 그 본질의 속내까지 쉽게 손에 잡힌다는 이야기이다. 이런 때 책을 읽거나 글을 쓰면 한결 자연스레 자기 내면화의 길로 나아갈 수가 있는 것이다.

이즈음 문학하는 인구가 부쩍 늘었다. 아니, 이제는 누구나

· 낫잡다 : 금액, 나이, 수량, 수효 따위를 계산할 때에, 조금 넉넉하게 치다.

글을 쓰지 않고는 살 수 없는 문인시대인지도 모른다. 사람들은 매일같이 누군가에게 메일을 보내거나 문자를 날린다. 비록 하얀 원고지 위에 육필로 정성스레 쓰는 것도 아니고, 한국어가 전혀 아닌 듯 알 수 없는 조어와 이상한 속어로 난무하는 경우가 더 많지만, 무슨 이야기인가를 열심히 써서 누군가에게 전하는 문자생활이 늘 습관화된 것만은 확실해 보인다.

그래서 그런지 문학의 형식파괴도 발 빠르게 이루어지고 있다. 한때 유행하던 전집류의 대하장편은 아예 자취를 감춘 듯 싶고, 호흡이 긴 장편은 경장편으로, 단편은 손바닥처럼 아주 단순명쾌한 미니픽션이니 스마트소설이니 하는 생경한 쪽으로 새 가지를 뻗치기도 한다. 짧은 시는 더 짧은 한두 줄짜리로 확 줄어들거나 어떤 '이야기'를 가진 산문시로 발전하는 경우 또한 흔해졌다.

어쨌든 이들은 다 '낯설게 하기'의 얼굴을 공통분모로 갖고 있다. 러시아의 형식주의 문예이론가인 시클로프스키가 처음 사용하기 시작한 이 낯설게 하기 기법은 일상으로 허수롭게 접하는 익숙한 상황을 어린아이의 눈길로 낯설게 바라보라는 것이다.

일상으로 마주하는 사람도 마찬가지. 그 익숙한 민낯을 새삼 낯선 시각으로 바라보고, 비틀고, 역설적으로 해석하는 데서 새로운 창작이 생겨난다는 것인데, 이즈음의 변화하는 어떤 징후를 상징적으로 대변해 준다.

여러 예술 분야 중에서 문학만이 유독 배울 학(學) 자가 붙어 있는 측면에서 보자면, 그리하여 인접 학문인 역사나 종교, 철학, 정치, 사회, 경제, 심리학, 고고인류학, 생태학 등에 이르기까지의 다양한 세계를 폭넓게 섭렵하지 않으면 결코 품격 높은 창조력이 이루어지지 않는다는 사실을 감안한다면, 이와 같은 '낯설게 하기' 작업은 충분히 수긍할 만하다.

하지만 그 어떤 전위의 실험도 아주 자연스럽게 구성되고 개연성의 틀 안에서 흘러가야 한다. 특히나 소설은 다름 아닌 인간학이다. 아무리 현란하고 엉뚱한 공상과학 소설도 우리네 삶과 죽음, 인간의 문제와 연결되지 않으면 안 된다. 그래야 비로소 좋은 작품으로서의 공감대가 만들어진다.

그 역사나 철학 등이 작품 전면에 등장하거나 노골적으로 장식해 버리면 그건 이미 문학이 아닌 것이다. 인접 학문이나 예술과의 적절한 융합, 통섭으로 작가의 내면에 육화시켜, 작품

겨울

속에 은밀히 녹아들게 할 때만이 문학으로서 유효하다.

작가 지망생들한테서 자주 듣는 질문이 있다.

"소재와 구성, 주제, 문장 중에서 뭐가 가장 중요한가요?"

그때마다 나는 힘주어 말한다.

"그 네 가지가 다 중요하기 때문에 '가장'이라는 건 어폐가 있네. 작품을 빚어내는 건 단순한 어떤 한 요소나 기술에 의한 게 아니니까. 하지만 굳이 꼭 한 가지를 먼저 집어내라고 한다면, 그래도 문장이 우선이라고 대답하겠네."

왜냐하면 문장은 그 작품창작의 구체적인 요리방법이기 때문이다. 잘 벼린 식칼이기도 하고, 아름다운 그릇이며 손에 쥐기 편한 숟가락이기도 하다.

그다음으로 중요한 건 제목 달기이다.

작품의 제목은 그 작가가 의도한 주제의식을 고스란히 담고 있어서이다. 그런데 작품의 얼굴인 제목들이 이즈음 들어 왜 하나같이 친절한 설명조로 일관하는지 안타깝다. 그 내용마저 무슨 르포나 수기, 기록성 다큐를 보는 듯싶어 더욱 아쉬울 때가 많다.

작가가 무엇을 말하고자 하는가의 주제의식이 깊숙이 녹아든, 격조와 상징성이 알맞추 깃들어 있으면서도 간결하고 친근하게 다가오는 제목은, 그것만으로도 작품성의 2할쯤 자연스럽게 선점하고 들어간다는 사실을 글 쓰는 이들은 늘 염두에 새겼으면 싶다.

　그럼에도 글쓰기에서 진정으로 중요한 건 '자연에서 배운다'는 마음가짐이다. 어쨌거나 인간의 모든 예술, 모든 교육행위는 철저히 자연의 모방(부속물)에 지나지 않기 때문이다.

'자연스럽다'는 것

내가 글을 쓸 때나 남의 글을 읽을 때, 가장 소중하게 여기는 덕목은 뭐니뭐니해도 자연스러움이다. 문장과 구성이 어떻고 주제가 무엇인가 등의 문제는 일단 뒤로 조심스럽게 접어 두고, 글이 담긴 그릇 속의 전체 흐름과 내용이 얼마나 참되고 자연스러운가를 먼저 따져 본다는 말이다. 자연은 모름지기 거짓말을 않기 때문이다.

자연은 우선 꾸미지 않는다.

부러 샘내어 꾸미지 않아도 철따라 애채*에 잎 나고 꽃 피고 열매 맺는다. 절로 단물 지어 아름답다. 그리하여 자연은 무조건 우리 인간을 포함한 뭇 생명한테 뭐든 주고 또 퍼줄 따름이다. 그러면서도 그 어떤 보상을 요구하지도 않고, 아무런 치렛말도 없다.

자연은 한없이 겸손하다. 그러다가도 한번 순리에 어긋난다

---

* 애채 : 나무에 새로 돋은 가지.

싶으면 실로 무시무시한 재앙의 채찍으로 엄벌한다.

글은 곧 그 사람이라고 했다. 그 사람의 평소 생각이나 철학, 걸음걸이까지도 액면 그대로 글의 내용과 행간 속에 녹아들어 있어서 그렇다. 그가 써내려 간 글의 핵심과 문장력, 그 얼개나 다루는 솜씨는 물론, 자주 사용하는 어휘 몇 가지만 훑어봐도, 어지간히 독해력이 갖춰진 이라면 단박에 그 모든 것을 눈치챌 수 있다. 그중에서도 가장 우선시되는 조건은 다름 아닌 '자연스러움'이다.

이와 같은 결과는 물론 하루아침에 얻어지는 게 아니다.

타고난 재능과 원융무애의 성격 위에, 오랜 시련의 피나는 학습이 제대로 보태어져야 가능하다는 건 두말할 필요가 없겠다. 그런데 이즈음의 문학이나 예술 분야에서의 교육풍조가 지나치게 작위로 흐르고 있다는 데 문제의 심각성이 엿보인다. 억지로 만들어진다는 사실이다.

이를테면 세계 챔피언을 꿈꾸는 복서가 무작정 샌드백만 두드려 댄다고 해서, 그 꿈이 맘먹은 대로 이루어지는 건 아니잖은가.

그럼에도 여기저기에서 생겨나는 이른바 작가양성소 같은

게 유행처럼 확대재생산되는 현실은 조금 우려스럽다. 이와 같은 현상은 그만큼 먹고살기가 좋아졌다는 증거이면서, 그것을 누리는 향수 계층의 저변이 폭넓어졌다는 의미이기도 하지만, 이러다가는 자칫 기계처럼 획일화된 '글쟁이'를 양산케 되는 건 아닌지 모르겠다. 화려한 영상매체 등쌀로 종이책이 안 팔린다는 암울한 추세라 어쨌든 다행이다 싶으면서도, 너무 많은 예술 허무주의자들을 마구잡이로 생산해 내는 건 더 큰 문제가 아닐 수 없다.

그래서 나는 가능한 한 이들을 적당히 내버려 두라고 말한다. 그것이 그들의 개성을 살리는 길이고, 창조적 상상력을 발동시키는 지름길이다.

물론 자기의 문학 재능이나 개성을 작품으로 빚어내기까지는 실로 험난한 가시밭길을 헤쳐 나가야 한다. 말이나 생각을 글로 표현하는 것 자체가 고문일 만큼 어려운 일인데, 일단 그 습작과정을 거쳐 어느 정도 기본 실력이 갖춰지면, 그때부터는 스스로 알아서 읽고, 쓰고, 깨닫기를 되풀이하라는 것이다. 첫 문장이 중요하니 그건 이렇게 감칠맛 나게 시작하고, 소재는 또 어디서 어떻게 구해야 하며, 구성은 이리저리 복선을 깔아 더욱 치밀하게 계산해야 하며, 무엇보다도 주제의식이 읽는 이의 가슴을 탁 치도록 강렬해야 한다는 식의, 판에 박힌 작법을 어찌 그리도 널리, 일방으로 주입시킬 수 있단 말인가.

예술은 모름지기 개성이라고 했다.

남들이 감히 흉내 낼 수 없는 자신만의 독특한 문체와 상상력, 산맥처럼 도도하며 바다처럼 넉넉한 감동의 물결을 빚어내기 위해선, 오롯이 작가 스스로 고통스런 인생 경험과 깊은 성찰의 의식혁명을 선행하지 않으면 안 된다.

"인간은 본래 착한 존재로 만들어졌지만, 인간의 손에 의해 타락하게 되었다"는 저 늠름한 루소의 교육철학은, 그러므로 우리의 상투화된 예술학습에도 그대로 에누리 없이 적용되어야 한다. '아는 만큼 보인다'의 평범한 상투성을 훌쩍 뛰어 넘어서기 위해선, 수많은 식자우환의 어리석은 작가를 양산하지 않기 위해선, 무엇보다도 '자연으로 돌아가 배우라'는 루소의 저 위대한 경구를 마음속에 알배기로 새겨 넣어야 한다.

깊은 산 숲속으로 들어가 세상과 등지고 살라는 게 아니라, 우리를 에워싼 자연의 섭리 속에서 그것을 온몸으로 배우고 익히며 자연 그 자체로 살라는 말이다.

그러다 보면 일상의 사람살이에서도 한층 격조 높고 성숙된 말과 글이 자연스럽게 우러나오고, 몸짓이나 의식주의 맵시가 달라지고, 온갖 은혜로 넘쳐 나는 자연의 삶을 얼마쯤은 닮은 꼴로 내면화시키며 살 수 있을 터이다.

비나 솔바람, 물소리, 파도소리는 아무리 들어도 질리지 않는다. 그것은 하늘이 보내 주는 천상의 소리여서이다.

그 어떤 천재화가의 붓놀림도 저 가없이 찬란하고 엄정한 자연의 절정을 뛰어넘지 못한다. 바로 저 오묘한 자연 속에 엄청난 인생의 교훈과 은유와 상징이 스며들어 있다.

행복하세요

"행복하세요?"

우리는 흔히 이런 질문을 받거나 누군가한테 눙치듯 던진다. 행복은 그만큼 우리네 사람살이에서의 절실한 목표이며 고갱이이기 때문이다. 따라서 인간은 누구나 없이 조금 더 행복해지기 위해 산다고 해도 과언이 아닐 터. 존재 이유 그 자체이기도 하다.

그런데 얼마 전 한 해를 마무리하는 친구들끼리의 망년회를 마치고 귀가하는 길, 허물없이 가까운 친구한테 '당신은 행복하냐?'고 불쑥 물었다가, 그만 머쓱한 되물음만 덤터기 쓰고 말았다.

"행복이란 게 과연 있긴 한 거야?"

"그, 그럼. 그걸 믿으니까 이리 아등바등 기를 쓰면서 악착같이 살아왔고, 또 계속 살아가는 거 아니겠어?"

"아냐. 그건 그냥 신기루 같은 거야. 없어!"

끝내 긍정의 대답을 내뱉지 않는 친구의 태도에 나는 속으로 적이 놀라지 않을 수 없었다. 평소 주변 이웃들한테서 여러모로 남부럽지 않은 선망의 대상으로 지목받아 와서 더욱 그랬다. 두 부부가 성실한 교육자로서의 길을 똑같이 걸어오다가요 근래 번차례로 정년을 마치고 명예롭게 은퇴, 이제는 적지 않은 연금으로 제2의 인생을 안다미로 살고 있음에랴.

그런데 그이의 속사정은 그게 아닌 것이다. 뭔가 말 못할 고민이나 혼자서 끙끙 앓지 않으면 안 되는 어떤 심오한 철학적 난제에 맞닥뜨린 게 틀림없었다. 그이의 이어진 허튼소리가 이를 충분히 뒷받침하고도 남았다.

"노래를 열창하는 사람 얼굴을 한번 잘 살펴보라구. 얼마나 슬퍼? 당사자는 즐거워서 재밌게 노래 부르는데, 타인의 시선으로 바라보면 그렇게나 슬프고 안쓰러울 수가 없어요. 그건 곧 엄마 뱃속에서 죽을힘으로 빠져나올 때 고고한 울음을 앙 터뜨리고부터, 그 업을 평생 뒤집어썼기 때문이라는 거지. 그래서 인생은 결국 고해(苦海)일 수밖에 없어."

"에이, 비약이 너무 심하네. 엄살도 도를 넘었구."

말은 이리 가살스레 받아 넘기면서도, 딴은 생뚱하게 착 들어맞는 논리일 수도 있겠다 싶었다. 따지고 보면 인간은 내남

없이 얼마나 많은 갈등과 걱정, 번뇌망상에 시달리고 있는가 말이다. 그것은 결코 배운 자, 못 배운 자를 상관하지 않으며, 남녀노소를 따로 노느매기*하지 않는다.

고통이나 불행은 어느 누구한테나, 어느 날 아무런 예고 없이 불청객처럼 불쑥불쑥 찾아든다. 거기에다 불난 데 부채질하듯 더욱 심해지는 일자리 감소와 소득분배 악화, 흉악범죄나 자살, 이혼율 증가와 숨 막히는 도처의 경쟁지옥! 그러니 어찌 이 풍진 세상을 강밭은 고해라 이르지 않을 수 있을까.

하지만 잘 먹고 잘사는 계층은 언제 어디서나 여전히 존재한다.

그리고 돈 많은 부자들일수록, 누리는 게 넘치는 상류층일수록 오히려 자기네 인연들끼리의 얽히고설킴이 더 극심한 현상 역시 이상하다면 이상한 일이라 하겠다. 서로 물어뜯고 상처 내지 못해 안달인 경우를 너무 흔히 목격하는데, 나라별 행복지수만 봐도(조사기관마다 기준과 지표가 다르지만) 눈부신 자본주의의 문명세계보다 형편없이 가난하고 미개한 국가(이를테면

• 노느매기 : 여러 몫으로 갈라 나누는 일. 또는 그렇게 나누어진 몫.

부탄이나 바누아투, 캄보디아, 페루, 쿠바 같은) 들이 훨씬 높다는 사실은, 우리에게 뭔가 시사하는 바가 크다 하겠다.

　내가 사는 산뱅이 마을에도 살림은 그리 가멸[*]지 않되 하루하루가 '그저 오늘만 같아라'하고 행복해하는 노부부가 사신다. 평생을 흙과 더불어 고단한 농투성이로 견뎌 온, 그래서 지금은 한쪽 다리를 절뚝거리거나 가벼운 중풍으로 한쪽 입이 살짝 비틀어진 부조화의 이들 노부부는, 그래도 변함없이 늘 손을 맞잡고 붙어 다니신다. 돌담장 밑에서 해바라기를 하건, 마을회관으로 바람 쐬러 가건 언제나 한 몸처럼 움직이신다.
　그러다가 우연찮게 나를 맞닥뜨릴라치면,
　"저 고추밭 좀 봐유. 아주 빨갛게 익은 것이, 무슨 꽃보담도 이쁘지유?"
　"이 진한 쑥향기 좀 맡아 봐유. 그 무슨 허브가 우리 쑥을 당할 거유!"
　어쩌고저쩌고 감탄이 많으시다. 오늘 이 순간을 소박하게 즐

---

[*] 가멸다 : 살림이 넉넉하다. 재산이 많다.

기며 후회 없이 사는 이들의 여생, 어찌 부럽다 않을 것인가. 따라서 저마다의 행복이란 오롯이 마음먹기에 달려 있다고 본다.

한창나이 때 꿈꾸고 추구하던 어떤 희망사항을 적당히 성취한 다음부터는 그저 매사에 감사하고, 용서하고, 사랑하는 마음. 사시사철 꽃 피고 열매 맺어 주는 저 오묘하고 위대한 자연의 섭리 앞에 절로 고개 숙이는, 그런 겸허하고 따뜻한 마음!

"그럼 행복하려면 어떻게 해야죠?"

누가 나한테 묻는다면 나는 이렇게 대답하리라.

"부디 길을 잃지 마세요. 한번 이거다 싶으면 그게 이루어질 때까지 물고 늘어져야 합니다. 내가 진심으로 좋아해서 몰입할 수 있는 일이 있고, 사랑하는 가족이 있으며, 돌아가 쉴 수 있는 따뜻한 집의 안락감이 곧 일반적인 행복이니까요. 그리고 무엇보다도 어떤 경우에서건 낙관적인 결과를 늘 상정해야죠. 낙관주의자는 뭐든 긍정으로 희망에 차있게 마련입니다. 난 할 수 있다, 도시보다는 시골이 희망이고, 귀농, 귀촌만이 내 살 길이다, 난 행복한 사람이다, 따위의 긍정 마인드가 몸에 배어 있어야 합니다."

음악은 나의 힘

눈이 내린다.

  함박눈이 펑펑, 온갖 오욕에 찌든 인간의 마을을 새하얗게 뒤덮는다. 모든 사물이 죽음보다 더 깊은 정적에 든 밤, 김광균의 〈설야〉가 절로 떠오를 만큼 너그럽고 풍성한 양감으로 내려 쌓이는 눈이다.

  어느 머언 곳의 그리운 소식이기에
  이 한밤 소리 없이 흩날리느뇨.
  처마 끝에 호롱불 여위어 가며
  서글픈 옛 자췬 양 흰 눈이 나려
  하이얀 입김 절로 가슴에 메어
  마음 허공에 등불을 켜고
  내 홀로 밤 깊어 뜰에 나리면
  머언 곳에 여인의 옷 벗는 소리.
  (중략)

눈은 그렇게 성숙한 여인이 옷 벗는 소리로 밤새 내려 쌓인다. 이 고요한 평화의 침묵 속에서, 어느 누군들 사랑하지 않고 온전히 배겨 낼 수 있을까. 그 어떤 슬픔과 미움인들 넉넉히 품어내지 못하리.

그러므로 눈은 확실히 우리의 마음을 맑게 정화시켜 주는 하늘의 큰 선물이 아닐 수 없다. 성질은 차가운데 그 감촉, 그 이미지는 왜 그리도 부드럽고, 따뜻하고, 순결한 것인지!

하지만 이 순백의 눈이 무릎까지 푹푹 차오를 만큼 한바탕 허벅지게* 쏟아지고 나면, 내가 몸담고 사는 산골은 그야말로 고립무원의 섬이 되고 만다. 저 주막거리 초입에서의 찻길이 뚝 끊기고 말기 때문이다.

오르내리는 교통은 순전히 좁다란 계곡을 따라 난 그늘진 산길을 두 다리로 뚜벅뚜벅 걸어 다니는 게 전부인데, 얼어붙은 눈이 녹으면서 또 쌓이는 걸 되풀이하는 이듬해 봄까지는, 꼼짝없이 이리 갇혀 살지 않으면 안 되는 게 바로 내 척박한 겨울나기인 것이다.

• 허벅지다 : 탐스럽게 두툼하고 부드럽다.

적막강산.

사위는 죽은 듯 고요하고, 눈 그쳐 높푸른 동천(冬天)은 금방에라도 쩌억쩍 금이 갈 것처럼 투명하게 해맑다. 아침에 문을 열어 댑싸리 빗자루 들고 나서면, 현관에서 마당을 가로질러 간 고라니나 산토끼 등의 어지러운 발자국들이 고작일 뿐, 이곳을 찾아드는 길손의 발걸음도 자연 뚝 그치게 마련. 문자 그대로 '별유천지 비인간'의 세계가 저 홀로 펼쳐진다.

그러면 사람들은 이것저것 궁금한 게 한두 가지가 아닌 모양이지만, 유감스럽게도 나는 배소(配所)와도 같은 이 한겨울의 적요와 외부단절을 꽤나 즐기는 쪽에 서있다.

지난봄부터 부질없이 부산스러웠던 세속 잡사에서도 모처럼 훌쩍 벗어나, 그동안 기연가미연가˚ 미루었던 글쓰기나 책읽기에 비로소 맘 놓고 깊숙이 빠져들 수가 있어서이다. 여태껏 개미 같은 활자를 곰파고 살아온 내 본연의 임무에도 한결 충실해질 수 있을 뿐 아니라, 지금까지 살아온 과거사를 새삼 반추하며 뭔가를 깊이 성찰한다거나, 차라리 고독 그 자체를 벗하고

• 기연가미연가 : 그런지 그렇지 않은지 분명하지 않은 모양. '긴가민가'의 본말.

즐기며 사색하는 재미 또한 썩 괜찮다.

그렇다고 해서 때로는 어찌 사람 냄새가 마냥 그립지 않겠는가. 깊은 밤 북풍한설이 몰아치는데 어찌 가슴 한쪽이 시리지 않겠으며, 홀로 마주하는 밥상이 어찌 모래알 씹는 맨 맛으로 둔갑될 경우가 없겠는가.

그럴 때의 내 곁에는 다행스럽게도 늘 음악이 있다.

인공위성처럼 생긴 작은 라디오가 그것이다. 채널은 항상 클래식 전문 FM에 고정되어 있는데, 어떤 때는 거의 온종일을 이 녀석과 함께 보내는 경우가 많다. 벗 중에서도 가장 친한 벗인 셈이거니와, 쓰는 글이 술술 풀리지 않을 때라든가 몹시도 잠이 안 올 때, 혹은 힘에 부친 노동에 시달릴 때라든가 텅 빈 식탁에서 뭔가를 먹고 마실 적에도, 이 녀석은 결코 내 곁을 벗어나는 법이 없다.

고전음악은 그만큼 사람을 질리지 않게 하는 마력을 지닌 것 같다. 무거운 듯 유현한 첼로의 울림이 우리의 육성에 아주 가깝게 여겨지듯, 아마 자연의 소리와 가장 많이, 잘 닮아 있기 때문이리라.

내가 아는 어떤 시인은 '모든 별들은 음악소리를 낸다'고 노래한 바 있는데, 고대의 플라톤도 일찍이 '음악은 하늘의 조화를 반영한다'고 설파했다. 천체구조나 별들의 움직임을 에누리 없이 모방한 게 다름 아닌 음악이라는 주장이다.

그래서 이 음악은 우주의 운행 질서를 우리 인간사회에도 그대로 이입시켜, 거의 모든 의식이나 행사, 예배, 오락 등의 일상에까지 두루 쓰이게 되었음도 물론이다. 그 활용도나 중요성이 얼마나 깊고 폭넓었으면 뉴턴의 상대성이론마저 이 음악의 영감에서 얻어졌겠는가.

하지만 진정 세상에서 가장 듣기 좋은 음악은, 하늘에서 들려오는 우주의 소리를 포함한 비나 바람, 물소리 같은 자연의 소리이다. 이를 가살스레 뛰어넘을 지상의 음악은 결코 따로 없다.

지금, 여기!

어느덧 새해가 밝았다.

　희망에 부푼 새해를 맞이하겠다고, 사람들은 이 매서운 엄동 설한도 아랑곳없이 저마다 목 좋은 높은 산이나 파도치는 바다를 찾아 나서느라 법석을 피운다. 벌겋게 타오르는 일출을 벅찬 소망으로 기껍게 맞이하겠다고. 굳이 해가 바뀌었다고 해서 어제의 그 해와 조금도 다를 게 없는 똑같은 해일 터인데, 사람들은 거기에 새삼스레 별난 의미를 부여하고 모두숨*으로 환호 작약한다.

　나 역시 크게 다를 바가 없어서, 집 앞에 비스듬히 가로질러 서있는 비슬산을 올랐다. 매년 정초면 거의 되풀이하는 나만의 의식. 경사도가 유난히 깎아지른 듯 가팔라서 그 산비탈을 오르는 게 여간 숨 가쁘지 않지만, 일단 정상의 솔숲에 이르고 나면 그렇게나 뿌듯하고 마음 너볏할 수가 없다.

• 모두숨 : 한 번에 크게 몰아쉬는 숨.

그러나 해는 이미 한 발이나 중천에 떠올라 있는 상태. 나는 뒤늦게 두 팔을 활짝 벌려서 벅찬 새해와 악수하고, 소나무 아래 바위턱에 엉거주춤 걸터앉는다. 그리고 내가 땀 흘려 걸어온 산길과 숨 쉬며 살아온 집을 새삼스레 되돌아본다.

거기에 몸담고 있을 때는 오로지 비좁은 눈앞만 보였을 따름인데, 이렇게 높은 데서 훤히 되짚어 객관(客觀)으로 내려다보자니까, 전혀 색다른 풍경과 의미, 여태껏 보이지 않던 배면의 진실이 우러나온다.

나는 누구인가? 나는 지금 제대로 살고는 있는 것인가?

모름지기 시간은 화살이라지만, 세월이 참 빠르긴 빠른 것 같다. 하지만 이 말도 곰곰 되씹어 들여다보면 그리 잘 들어맞는 게 아니다. 시간은 화살보다도 훨씬 더 빠르기 때문이다. 날아가는 화살은 눈에 보이기라도 하지만, 상막하게* 지나가는 시간은 아예 눈에 뵈지도 않잖은가 말이다.

좀더 정확히 표현하자면, 지금 이 순간 우리가 바라보는 태양의 빛은 현재형이 아니라 과거의 빛이다. 그 햇살이 지구까지 달

• 상막하다: 기억이 분명하지 않고 아리송하다.

려오는 데 약 8분 17초가 걸려서 그렇다. 우리가 바라보는 밤하늘의 아름다운 별도 잘 따지고 보면 과거의 별이거나 미래의 별이다. 그만큼 멀리, 지구와 아주 멀리 떨어져 있다. 그리고 그 별들은 어둑발*로 모이고 흩어지는 걸 무수히 반복한다.

우리 인간도 이 별들과 별반 다르지 않다. 한 방울의 물질이 육신으로 모였다가, 다시금 덧없는 무기질로 흩어진다. 시간도 이와 마찬가지다.

그럼에도 인간이 만들어 낸 시계는 쉴 새 없이 재깍거리고, 그침 없는 낮과 밤을 되풀이한다. 그 정해진 시간에 따라 사람들은 또 격식 갖춰 결혼식을 올리고, 생일상을 받고, 회갑이나 팔순잔치, 무슨 망년회니 기념식이니 하며 화려한 모꼬지를 벌이고, 그리고 장례식을 치른다.

그런 걸 보면 인간은 미상불 '의식(儀式)의 동물'임에 틀림없는데, 이 잔치를 너무 즐기고 좋아하는 이들에겐 마치 그 인생 자체가 오로지 의식을 위해 존재하는 게 아닌가 착각될 지경이다.

• 어둑발: 사물을 뚜렷이 분간할 수 없을 만큼 어두운 빛살.

그러나 그런 게 다 무슨 소용이란 말인가.

한번 지나간 시간은 다시 돌아오지 않은 채 망각 속에 묻혀 버리고 마는 것을. 정작 시계 속의 시간은 없고, 남는 건 허랑한 공간뿐인 것을!

죽음은 그렇게 어느 날 불쑥 누구한테나 후림불°로 찾아들게 마련이다. 그 어떤 재벌이나 대통령, 성직자나 예술가나 장군이거나를 가리지 않고, 때가 되면 어김없이 다 데려가고 만다. 멀고 어둡고 적막한, 가뭇없는 무형의 세계로.

때로는 똥 구더기가 들끓기도 하고, 독수리와 뱀과 악어 떼가 마구발방으로 달려들기도 하고, 뜨거운 불의 아가리가 활활 타오르기도 하는 곳으로.

천당이나 극락을 믿는 종교인들한테는 감잡히게° 미안스런 말일 테지만, 이미 목숨 끊겨 한 줌 재나 흙으로 돌아간 당사자가 어찌 천당과 지옥을 알고 느끼겠는가. 그건 어디까지나 살아 있는 사람들의 위안이고 '문화'의 몫일 터. 그들이 만들어 낸 신의 장난이거나 의식의 굴레에 사로잡힌 인사치레일 따름이

· 후림불 : 정신 차릴 사이도 없이 급작스레 휩쓸리는 서슬.
· 감잡히다 : 남과 시비(是非)를 다툴 때, 약점을 잡히다.

다. 마치 시계는 있는데 정작 시간은 없는 것처럼.

사정이 이쯤에 이르면 누군가는 혹 말한다.

"인생, 참 아무것도 아니구먼. 이 아무것도 아닌 걸 온몸으로 깨닫기 위해 장장 80년이나 걸렸구먼!"

그는 이어서 다음과 같은 우스개로 결론 삼아 자문자답한다.

"세상에서 가장 중요한 '금'이 세 가지가 있는데, 그게 뭔지 아는감? 그건 바로 황금과 소금, 그리고 지금이라네. 그중에서도 지금이 제일 중요하지!"

그렇다. 그 사람의 인생의 정답은 바로 지금 이 순간의 삶의 모습 안에 고스란히 담겨 있다. 지금 이 순간이 얼마나 가치 있고, 이웃과 더불어 행복하고, 몸과 마음이 다 건강한가에 따라서 그 성패가 여지없이 갈려진다.

지금 누구를 만나고, 무엇을 먹고, 어떤 집과 가족과 옷과 표정을 소유하고, 무슨 생각과 행동으로 지금 이 순간순간을 채워 나가느냐가, 그 사람이 걸어온 온 생애를 에누리 없이 가늠하는 것이다.

지금이라는 이 시간은 세상 누구에게나 똑같이 주어진다.

잘나고 똑똑한 사람이나 못나고 가난한 이에게도 시간은 아

주 공평하게 주어지며, 지금 이 순간이라는 찰나 속에 어디에
나 무진장으로 널려 있다. 다만 그것을 누가 어떻게 쓰는가에
따라 아주 다양한 모습으로 저마다의 성적표에 기록되는데, 그
들의 행, 불행의 결과 또한 지금 이 순간의 쓰임새에 따라 공평
하게 매겨진다.

그러므로 이미 지나가 버린 시간을 애타게 돌아보지는 말자.

시간은 언제나 다시 오는 것. 오늘 여기, 이 순간을 지혜롭
게 이겨 내고, 스스로 즐기고, 남한테 베풀면서 살아가면 그것
으로 충분하니까.

봄이 오는
길목에서

정월 대보름, 휘영청 보름달이 밝았다.

저 둥근 달이 하현(下弦)으로 이울면서 점점 사라지면, 계절은 또 어김없이 만물이 생동하는 따지기로 서서히 움터 오르게 될 터이다. 더욱이 우수와 경칩이 가까이 끼어드는 절기의 명절이라, 이 보름날은 자연 한 해의 추운 한겨울을 마무리하는 분기점이면서 본격 농사철로 접어드는 출발선이다. 그러니 어찌 온 동네가 들썩이는 큰 잔치마당이 벌어지지 않을 것인가.

내가 어렸을 적의 고향 쪽 대보름 풍경은 정말 대단했다. 아마 연중 가장 큰 마을축제이지 않았을까 싶은데, 조금은 엄숙했던 세배 다니기(그땐 가까운 일가친척은 물론 동네 나이든 어른들한테도 두루 돌아다니면서 절했다)와 설빔 분위기가 열흘 남짓 이어지다가 이날을 전후해 갖가지 즐거운 웃음과 방방 뛰는 놀이판, 잔치마당 쪽으로 잔달음에 옮겨 가는 것이다.

순전히 들녘에서 농사지으며 살던 농경시절의 꽉 막힌 집성촌이라, 거기에 갇혀 사는 이들은 그만큼 가슴속에 켜켜이 쌓인 감정 분출에의 욕구가 그리 유달랐는지도 모른다.

휘영청 둥근 달이 동산에 떠오르면, 아이들은 가장 먼저 숭숭 바람구멍 뚫린 깡통에 관솔불 지펴 동구 밖 논두렁 밭두렁을 휩쓸고 다니기 마련이었다. 벙거지 뒤집어쓴 머리 위로 원무를 추듯 그 쥐불놀이 깡통을 휘돌리면서 한참을 그렇게 소리치고 뛰어다니다 보면, 어느새 맛있는 첫밥 얻으러 다닐 시간.

아이들은 다시 떼를 지어 조금 전 제상(祭床) 물린 집집으로 대보름 명절식을 얻으러 다녔는데, 뱃구레에 꿰어 찬 그 체가 밑으로 푹 꺼져 내리지 않을 만큼만, 꼭 그만큼씩만 적당히 여기저기서 얻어 오는데도, 그 안에 인심 좋게 담긴 음식들은 참 푸짐하고도 맛깔스러웠다.

밥은 다 오곡밥이요, 반찬은 거의 고사리, 호박고지, 시금치 같은 묵은 나물이거나 육전, 두부찜, 마른 생선구이에 땅콩 같은 견과류가 고작이지만, 오순도순 둘러앉아 게걸스레 퍼먹는 그 달빛 아래의 뒤늦은 밤참은 그대로 꿀맛이었다.

그때쯤이면 동네에서 가장 넓은 집 마당을 운동장 삼은, 암

말 같은 처녀들의 홍겨운 강강술래가 절정을 치달아 간다. 구경꾼들로 가득한 그 마당가 한쪽엔 또 어김없이 막걸리 주안상이 차려져 먹자판, 웃음판이 그치질 않는데, 배부른 아이들도 덩달아 그 들뜬 분위기에 취하고 이모, 누나들의 강강술래 판으로 한데 뛰어들기도 하다가 새벽녘에야 곤한 꽃잠에 빠져들기 일쑤였다.

하지만 진짜 옹골진 잔치판은 그 이튿날부터이다. 미신과도 같은 벽사(辟邪) 놀이는 왜 그리도 많았는지.

늦잠에서 깨어나기 바쁘게 누군가가 내 이름을 불러 무심코 대답하면,

"오냐, 내 더위!"

여름내 시달릴 무더위를 한순간에 덤터기 씌워 팔기 십상이었고, 돌담장 구멍 여기저기에 화투장만 한 '뱀 퇴치' 종잇장을 붙이고 다니기 바빴다.

온 동네 집집마다 툇마루 가운데 기둥에 생솔과 왕대로 높직이 올려 세운 풍년기원 깃발이 나부끼고, 그 위 한공중으로 가오리, 방패연들이 서로 다투듯 하늘하늘 날아오를 때쯤이면, 농악대(걸궁패) 어른들은 또 집집마다 요란스레 번차례로 돌아

다니면서 지신밟기하느라 신명을 지펴 올렸다. 그래야 그 집에 고약스런 사달이 안 난다는 거였다.

덩덩 덩더꿍, 덩덩 덩더꿍!

이 걸궁패 농악놀이는 한 이틀쯤 계속해서 마을 구석구석 흥겹게 누비고 다니는데, 이와 같은 두레정신의 절정은 뭐니뭐니 해도 남녀노소 다 함께 참여하는 줄다리기였다. 동네 남정네들이 몇날며칠 볏짚 꼬아 만든, 웬만한 어른 허벅지만 한 굵기의 용 같은 긴 줄을 윗말, 아랫말로 편 갈라 죽을힘으로 영차영차 서로 끌어당기는 전통 민속놀이. 휘영청 밝은 달밤에 벌어지는 이 화끈한 단체 힘쓰기야말로, 우리가 대대로 지켜온 전통 두레정신의 총화라 해도 과언이 아니었다.

그런데 지금은 그런 게 다 무너졌다.

품앗이로 모심기나 김매기하고, 품앗이로 농사지어 함께 풍성히 추수한 후 덩더꿍덩더꿍 춤추고 풍물 치던 시대는 일찍이 끝났다. 이제는 넷이서 징과 북, 꽹과리 두드리고 여흥 즐길 사물놀이 구성원조차 조직하지 못할 정도로 '사람'이 귀해졌으며, 그 모든 빈자리를 일당백의 성능 좋은 농기계들이 통짜로 대신한다. 소몰이 쟁기질이나 모내기, 벼 수확 등은 우람하고 날렵한 트랙터나 이앙기, 경운기가 담당한 지도 이미 오래.

그리하여 그 성과나 편리, 효율성은 엄청나게 좋아지고 초대형으로 발전했을지 모르나, 도무지 사람 냄새가 나지 않는 '고려장'의 시골로 전락한 건 이 시대의 어두운 이면이 아닐 수 없다. 무너진 두레정신의 안타까움뿐만 아니라, 급속히 진행되는 가족해체 문제는 더욱 우려되는 발등의 불이다.

겨울나기 김장도 당신 혼자서 허리 굽혀 장만하는 독살이 노인들뿐인, 이 황폐한 농어촌, 산촌을 살맛나는 옛 두레마을로 복원시키는 길은, 오롯이 새로운 '사람'들을 만들고 불러들이는 데에 달려 있다고 본다.

그 지름길은 우선 스위스로부터 배울 일이다. 전국토의 7할 정도가 산악지대인 우리나라가 왜 풍족하게 쉬는 저 아름다운 산들을 유효 적절히 이용하지 않는지 안타깝다. 철저한 치산치수와 난개발의 환경파괴 방지책을 전제로 한, 획기적인 산지이용 정책을 펼쳐야 한다.

해발 2~3천 미터 이상도 안락한 파노라마 열차가 이리저리 엮여 달리는, 대표 산악국가 스위스의 관광, 숙박, 레저, 별장, 농장, 포도원, 수목원, 병원, 휴양시설을 포함해서, 끝없이 펼쳐지는 푸른 초원의 목장 풍경이 그렇게나 부러울 수가 없다.

산 좋고 물 맑은 곳에 거대한 사찰만 홀로 고고하게 버티고 앉아 있어선 곤란하다. 우리의 썩 괜찮은 산림부국의 길은, 분명 버려진 저 숲속에 숨은 듯 기다리고 있다.

산은 영혼의 고향

"나를 키운 건 8할이 바람"이라는 미당(未堂) 선생의 시구는 내게도 진실이다.

나는 그렇게 늘 떠나 사는 게 일이었다. 어디론가 떠나 살지 않으면 안 되는 이유는 사실 어떤 간절한 목적이나 절박감 때문이 아니었다. 태생적으로 몸에 밴 떠돌이의 관성 탓이었다. 산 좋고 물 맑은 곳에서 나고 자란 덕분인지, 나는 이 같은 자연에의 회귀 내지 시끄러운 도회지에서의 탈출을 다반사로 되풀이해 왔다. 내 곁에는 항상 뭔가 가슴 두근거리는 열망이 꿈틀거렸다. 누구도 넘볼 수 없는 그 어떤 숨은 별박이*가 자꾸만 손짓하였다.

그것은 다름 아닌 문학이었다. 마치 사이비 종교나 아편처럼, 아니면 주체본능처럼 맘껏 나의 정신을 잡아 흔들고 유혹하였다. 그래서 나는 늘 그이한테 지고 살았다.

 • 별박이 : 높이 오르거나 멀리 날아가서 아주 조그맣게 보이는 종이 연.

내가 나고 자란 진도는 참으로 독특한 예술혼의 지형을 품었다. 웬만한 집안 거실이면 의례히 소치(小痴)나 의재(毅齋), 소전(素筌) 선생의 소품 하나쯤 단아한 액자로 걸려 있게 마련일 만큼 화려한 예향일 뿐만 아니라, 그 피와 끼를 이어받은 현역 서예가, 한국화가 숫자만 해도 100을 너끈히 넘긴다.

어디 그뿐이랴. 북춤이나 씻김굿, 다시라기 등의 한과 흥과 정이 듬뿍 담긴 민속놀이를 통한 유·무형의 문화재만 해도 여기저기 수두룩하게 널려 있다. 그래서 어지간한 한량, 모주꾼 치고 유장한 육자배기 한 자락 깔지 못하는 이 없고, 시 짓고 풍월 읊거나 난(蘭) 치지 못하는 이 없을 정도이다.

특히 나의 경우 외할머니가 바로 소전의 일가붙이인 데다가 일찍이 요절하신 외숙 중의 한 분이 의재의 수제자일 만큼 촉망받는 청년화가였으므로, 외가 사랑에 가면 늘 유명한 이들의 유현하고도 고상한 서화 분위기에 흠뻑 빠져들 수밖에 없었다.

향토 유지인 외할아버지가 수시로 선사받고 수집한 병풍이나 두루마리의 어떤 작품들은 아예 창호나 벽지로까지 함부로 발려지는 수모를 당할 지경이었다. 지금 돌이켜 생각하면 그중에는 더러 값이 좀 나가는 명품도 숨어 있지 않았을까, 괜스레 안달이 날 때가 있다.

하지만 정작 호기심 충만한 나의 뇌관을 자극하고 눈과 귀를 홀리는 건, 넋 건지기 씻김굿이 벌어지는 바닷가였다. 재 넘어 수퉁개에서 꿈결인 듯 들려오는 희뿌연 새벽녘의 무적(霧笛)이라든가, 가시덤불 우거진 맴닥골의 애기무덤 쪽으로 한순간에 살같이 흘러가는 한밤중의 도깨비불도 몽롱한 나의 의식을 일깨우며 끌어당기곤 했지만, 그래도 몽돌이 질펀히 깔린 갯벌에서 벌어지는 신명 지핀 굿판 구경하는 것보다 더 놀랍고 재미나지는 않았다.

저녁 해가 설핏 기울 때까지, 아니 시퍼런 장대를 움켜잡은 신어미의 신내림이 미친 듯 찾아들 때까지, 읍내에서 온 당골네들의 구성진 시나위와 무가, 춤사위는 쉴 새 없이 반복되는 것이다.

넓고 시푸른 바다의 거친 너울을 향해, 하얀 고무신 두 짝만 가지런히 너럭바위 위에 남긴 채 어디론지 사라진 마을 처녀의 혼령을 향해, 그들은 끊임없이 피리를 불고, 징을 두드리고, 야단법석을 피워 대는 것이다. 그러면 굿판을 둘러싼 구경꾼들도 덩달아 웃고 울며 한바탕 신명 지핀 축제마당에 쓸려 들게 마련이었다.

내 어릴 적은 자주 이런 분위기에 휘둘려 지냈다. 개구리밥 둥둥 떠 있는 논틀밭틀과 방죽을 지나, 코에 와 닿을 듯 경사진 가파른 산길의 십 리 고개 넘어 초등학교 오가는 행위 자체가 거대한 자연 학습장이었으며, 초여름 누렇게 익은 보리밭 사이로 문둥이가 애 잡아먹으러 온다는 소문에 헐레벌떡 도망쳐 다닌 것도 어디에 비길 데 없는 색다른 경험이었다.

어쨌든 이렇게 신묘한 예술과 민속, 한과 흥이 제멋대로 혼재한 진도 땅의 특성과 기질은 그대로 내 영혼의 원형질을 형성하고 있음에 틀림없다.

여기 충청도 공주 함박덕에 새 둥지 틀어 앉은 지는 벌써 15년째. 다른 곳에 비한다면 꽤나 변함없이 오래 살고 있거니와, 집 앞과 옆으로 작은 계곡이 흐르는 이 험한 다랑논과 쑥대밭 일대를 사람이 살 만한 '무릉도원'으로 일구고 가꾼 탓인지, 나는 이제 이 산과 자연에 붙잡혀 사는 게 행복하다. 더 이상 내려놓을 것도 없어 홀가분해 좋다. 때로는 이 깊은 산속에서 철썩이는 파도소리를 듣기도 한다.

"고향이 눈앞에 어른거리니, 굳이 부르지 않아도 혼이 먼저

가 있더라"는 옛말에 물꽃*으로 순응이라도 하듯, 내가 거쳐 온 그 많은 산과 바다와 강, 들녘, 햇빛과 공기가 다 이곳에서 나의 새로운 가슴이 되고 붉은 피로 넘쳐 난다.

그리하여 나는 참 엉뚱하게도 종교 비슷한 것 하나쯤 불러오고 싶나니, 이름하여 산수도(山水道)이다. 산은 곧 내 영혼의 고향이며, 신앙 그 자체이므로.

• 물꽃 : 하얀 거품을 일으키는 물결을 비유적으로 이르는 말.

자연 속에서
세상을 읽는 소설가

— **나태주**(시인, 공주문화원장)

김상렬, 그는 누구인가

공주에는 외지에서 들어와 살면서 활동하는 예술인들이 많다.
주로 미술 분야의 인물들인데 소설가 김상렬 선생은 특별한 케
이스다. 산문작가가 드문 충청지역이란 점에서 그렇고, 그가
전국적으로 이름이 널리 알려진 소설가란 점에서 그렇다. 여간
고마운 일이 아니다.

김상렬 작가는 1975년 단편소설 〈소리의 덫〉으로 한국일보
신춘문예에 당선되어 등단, 오늘에 이른 소설가이다. 지금까
지 《당신의 허무주의》(1980), 《달아난 말》(1983), 《당솔나
무》(1987), 《붉은 달》(1987), 《산객》(1990), 《뒷기미 세상살

이》(1990), 《섬은 기다리지 않는다》(1991), 《사랑과 혁명》
(1996), 《따뜻한 사람》(2000), 《그리운 쪽빛》(2007), 《목
숨》(2008), 《지상의 별》(2012) 등을 간행하였으며, 채만식문
학상과 한국소설문학상, 중앙대문학상 등을 받았다.

김상렬 작가가 공주에 정착한 것은 2002년. 그 전해에 현재
의 공주시 정안면의 산속 마을 농지를 사들였다. 애당초 이 땅
은 거의 버려진 쑥대밭이었다. 여기저기 널린 너덜들로 축대를
쌓아올려 만든 여러 층층의 작은 다랑이 논들. 그래서 어느 누
구도 이 묵은 땅이 안락한 집터가 되리라고는 짐작조차 못했
다. 실제로 집을 짓는 일보다 터를 고르고 길 닦는 사전작업이
더 어렵고 비용이 많이 들었다고 한다.

어떻게 이런 곳에 집 지을 생각을 다 했느냐고 동네 사람들조
차 의아해했으나, 그에 아랑곳없이 아담한 전원주택을 턱 앉혀
내자 나중에는 벌린 입을 다물지 못했다는 것.

애당초 이 땅은 한 소설가 친구가 계룡산을 들락거리며 작품
쓸 때 인연 따라 구입했는데, 그가 몇 년 인도를 여행하고 돌아
와서 생각이 무소유의 큰 깨달음(?) 쪽으로 바뀌어, 당시 무위
자연을 꿈꾸던 김상렬 작가한테 자연스레 넘어온 것이다. 그러

고 보면 땅도 인연이 따로 있고, 그에 따른 주인도 따로 있는 모양이다. 산 아래 언덕바지에 집을 지어 놓고 보니, 역시 좌청룡우백호의 길지(吉地). 이제는 누구나 부러워하는 숲속의 보금자리가 되었다.

장기초등학교 교장으로 있을 때 김상렬 작가가 교장실로 찾아온 적이 있다. 그때 손에 들고 온 책이 소설집《그리운 쪽빛》이었다. 그렇게 작가와의 만남은 이루어졌다. 그리고 내가 모진 병고를 치른 뒤 정년을 맞고 한 차례 공주 문인들과 어울려 작가의 작업실을 방문한 적이 있다. 2008년 8월 14일. 그 자리는 서울과 대전의 작가들이 한데 어울려 환담하며 음식을 나누는 일종의 친목모임이었다.

다시 내가 공주문화원장이 된 뒤, 작가를 우리 문화원 회원으로 모셔 들였다. 그리고는 문화원의 격월간 기관지인 〈공주문화〉에 연재의 글을 청했다. 작가가 살고 있는 골짜기 이름을 따서 '함박골 통신'이란 제목을 붙여 3년간 에세이 형식의 글을 실었던 것.

이는 공주 시민을 위한 재능기부 차원의 진솔한 글쓰기였는데, 많은 독자들로부터 뜨거운 호응을 얻었으며, 〈공주문화〉

의 품격을 끌어올리는 데에도 한층 기여했다.

주로 작가가 시골살이 하면서 몸소 겪고 느낀 여러 가지 일과 단상들을 담는 내용이었다. 작가의 웅숭깊은 내면이 훤히 들여다보이는 그 글들은, 우선 영혼이 맑고 깨끗해서 좋았다. 직접 밭일하고, 치열하게 글 쓰고 사색하면서, 인간과 자연이 물아일체로 소통하며 교감하는 소재로 가득했다.

또 작가는 분명한 주제의식과 정확한 문장력으로, 순수한 우리말의 아름다움을 십분 되살리고 가려서 쓰는 게 유별났다. 말하자면 순도가 높은 향기로운 글들이었다. 때로 국어사전을 찾아보아야 그 뜻을 알고 헤아릴 정도였다. 그러기에 편집담당 기자는 작가의 글을 통해 많은 것을 배운다는 말을 자주 되풀이했다. 일찍이 뷔퐁 같은 이는 '글은 사람이다'(혹은 문체는 사람이다)라고 갈파했는데, 이는 곧 김상렬 작가한테 딱 들어맞는 경우라 하겠다.

함박덕 가는 길

어렵게 인터뷰 일정이 잡혔다. '함박골 통신' 연재도 끝났고 해서 한번 작가의 삶의 공간(집필실)을 방문, 이런저런 이야기를 나누며 더욱 깊이 있게 그 내면세계를 알고 싶었고, 또한 그동안의 고마움을 표현하고 싶었다.

작가 댁을 방문하기는 이번이 세 번째. 마지막 이태 전에는 봄철이었다. 그때 우리는 작가네 집 뜰에서 노란 복수초 꽃을 발견하고 깜짝 좋아하면서 사진을 찍기도 했다.

정안면 소재지를 감돌아 서북쪽 월산리 방향으로 문천리를 지나 산속으로 천천히 들어가는 길. 주변은 별로 변한 것이 없는데 작가네 집 들어가는 산성리 마을 입구에, 새로운 2층 건물이며 펜션이 들어선 게 꽤 낯설어 보였다. 벌써 이런 깊은 산골까지 외지 사람들이 야금야금 들어와 설치는 게 조금은 언짢은 마음이었다.

그러나 더 깊은 개울 길 따라 올라가는 좁은 산길은 여전했고, 그 길에서 다시 작은 다리 하나를 건너, 이런 곳에 어찌 집이 들어섰을까 싶은 느낌으로 100미터쯤 올랐을 때, 오른쪽

언덕 위로 번듯한 목조건물 한 채가 나온다. 작가의 삶의 공간
이다.

 길이 삼거리로 갈라지는 지점에 커다랗고 잘생긴 표지석 하
나가 세워져 있는데, 거기에 '함박덕'(咸朴德) 이란 글자가 한자
로 새겨져 있다. 김상렬 작가가 직접 내려쓴 붓글씨.

 함박덕. 작가의 설명에 의하면, 그것은 우선 자신이 사는 함
박골과 집 앞에 마주 서있는 함박산에서 따온 지명을 의미한다
고 했다. '덕'(德) 은 곧 산(山) 이라는 것. 실제로 북한(특히 함
경도 지방)에서는 함박덕이라는 꽤 높은 산이 존재할 만큼 산
이름으로 대신 쓰기도 하는데, 작가 개인적으로는 아예 가훈으
로 삼고 있다고도 한다. 글자 뜻풀이 그대로 '넓고도 큰 덕을 소
박하게 베풀며 살자'는 것이다. 그러나 그게 어찌 맘대로 쉬 실
천될 수 있겠냐며 작가는 웃었다.

 우리 취재차가 아래 마당으로 들어섰을 때, 집주인은 미리
기다리고 있었던 듯 안뜰 잔디밭에 나와 서서 방문객을 맞이하
였다. 아래서 올려다보아 그런지 더욱 훤칠한 키에 건장한 모
습. 만면에 미소를 머금은 분위기가 따뜻하다. 사람이 사람을
기다리고 맞이해 준다는 건, 저처럼 매우 소중하고도 아름다운

기본이며 미덕이 아닐까 싶었다.

곧바로 우리는 집 안으로 안내되었다. 정갈하고 반듯하게 정돈된 실내. 공기가 훈훈했다. 둘러보니 거실 한구석 벽난로 불길이 은은히 타오르고 있다.

"손님이 오신다 해서 장작 몇 덩이 넣었습니다. 아직 산속 환절기라 조금 춥기도 해서. 저게 그래도 두어 시간쯤은 갈 겁니다."

너울대는 벽난로 속 불길에 시선을 던지는 작가의 말을 들으며, 편집기자와 나는 산골에서 문득 만난 따뜻한 벽난로에 잠시 감동한다. 방문객이 벽난로 앞에서 서성이는 사이, 주인은 예쁜 찻잔에 차를 마련해 내놓았다.

전원작가로 살아가기

김상렬 작가는 한군데에 오래 머물지 않으며 생활한다. 서울쪽에도 또 다른 집, 가족이 살고 있기 때문이다. 물론 가끔씩 그곳에 다녀오고 나서는, 거의 많은 시간을 여기 함박덕에서 글쓰기와 농사에 매진하는 편이지만. 이런 작가한테 거의 비슷한 또래인 나는 아무래도 궁금한 것이 많다.

"전 하루라도 집사람이 없으면 안 되는데, 김 선생님은 어떻게 사모님 없이 사시나요?"

"잠깐씩 떨어져 살다 보면 부부의 정은 오히려 더욱 깊어지지요."

"혹시 공주의 명예시민이신가요?"

"웬걸요. 분명히 주민등록을 옮겨 놓은 공주 시민입니다."

"아. 그렇군요. 새로 시장이 선출되면 새 시장님 모시고 한번 찾아와야겠군요."

김상렬 작가는 그렇게 집과 서울을 잠깐씩 오갈 뿐, 그 외의 바깥출입은 잘 하지 않는 편이다. 스스로 공주사람들을 잘 알지 못하고, 공주사람들 또한 작가를 익히 알지 못한다. 2002년도에 이 집을 들였으니 올해로 벌써 십몇 년 세월을 훌쩍 넘겼다. 그래도 여전히 김상렬 작가는 공주사람들에게 낯선 '소설가 선생님'이다.

조금이라도 더 치열하게 글을 쓰고 싶어 산골 숲속을 찾아든 소설가. 직접 연장을 들어 밭을 일구고 곡식과 채소를 가꾸는 농부. 자신이 진정으로 살고 싶은 삶의 형태를 과감하게 선택한 자유로운 정신의 실천인. 그의 삶에서 글이 과연 어떤 위치를 차지하는지 알고 싶었다.

"어떠세요? 여기 들어와 사시는 동안 글과 인간이 어떻게 변화되었다고 생각하세요?"

"자연 속에서의 글과 삶이 서로 육화(肉化)되어 녹아들었지요. 글이 삶이고 삶이 글인 셈이랄까. 저는 평소 글은 항상 자연스러워야 한다고 믿는 편입니다."

자연스런 글. 참 좋은 의미이다. 사람과 일치하는 글. 더욱 좋은 말이다. 그러기 위해서는 일상의 삶이 단단히 뒷받침해 주어야 할 일이다. 나는 다시 작가가 이곳으로 내려온 이유가 알고 싶어진다.

"여기 오신 이유, 어떤 철학이나 시대적 배경은 없었나요?"

"저도 서울 살 땐 당대 상황에 꽤 민감한 편이었습니다. 한때는 이른바 참여문학 쪽에도 많은 관심 갖고 작품을 쓰기도 했지요. 군인들이 설치던 유신시대나 1980년대 독재정권 땐 문학도 가만히 구경만 하고 있을 수가 없었으니까요. 그러나 문민정부가 들어서고 시대가 급속히 바뀌면서, 문학이 이대로 계속 어떤 이데올로기에 종속돼서는 안 되겠다 싶더군요. 문학은 결국 인간의 본질을 파고들 수밖에 없어요. 우리는 과연 어디서 와서 어디로 가는가, 어떻게 살아야 하는가 따위의 인생 문제."

"그렇지요. 오늘 뵈니까 전보다 나이가 좀 들어 뵈긴 하지만, 얼굴 표정이나 안색은 더욱 편안해지신 것 같아요. 맑고 편해 보이십니다."

"일상에 익숙해졌으니까 그렇겠지요. 보통 사람들은 여기 와 살라 해도 쉬 못 살아요. 제가 이 땅에 순응한 거지요. 지기(地氣)와 인간이 서로 맞는 거예요."

"그러면 이 자연이 본인을 받아들였다고 생각하세요?"

"그럼요. 저도 이 자연, 이 하늘과 공기와 물을 받아들였습니다."

"참 좋네요. 자연과 인간의 상호호응과 인정. 사람은 자기 밖의 자연의 기운을 안으로 모셔 들이고, 자연은 인간을 허용해 준 결과. 일생의 성공과 행복입니다."

"말년에 와서 그런대로 제가 원하던 방식으로 사는 것 같습니다."

만면에 웃음을 머금은 작가의 음성은 맑고 깨끗하여, 그 음성과 심성이 그대로 주변의 공기를 울리는 것 같다.

2006.

우리 주변을 훑어보면 숭고한 문학을 정신의 어떤 사치품이나 인격 장식품, 일테면 삶의 액세서리 정도로 착각하는 사람들이 더러 있다. 나의 경우, 시 쓰기는 치열한 생존방식 가운데 가장 큰 덕목 중 하나이다. 쓰지 않고는 도저히 못 배기는, 아주 적극적인 필요와 욕구에 의해서 시 쓰기가 선택된 것이다.

일견 사랑이란 것도 그렇지 않을까. 본능 어린 필요와 욕구에 의해서 누군가를, 무엇인가를 강하게 사랑하는 것이다. 사랑하는 사람끼리도 사랑을 줄 만한 필연의 가치에 의해서 서로 사랑을 주고받는 것이다. 나는 구름한테 과연 필요한 사람이고 나무한테, 바람한테 필요한 사람인가?

과연 그렇다고 인정되면, 나는 비로소 세상에 존재할 가치가 있는 사람이겠다.

"어떠세요? 이곳에 머문 지 십수 년 되셨는데, 10년이면 강산도 변한다는 말이 있잖아요. 선생님 보시기에 주변이 많이 변하지 않았나요?"

"자연은 변하지 않습니다. 인심조석변이라고, 사람이 변하는 것이지요. 작은 이해득실에 따라서도 사람은 수시로 변하지만, 그침 없이 주기만 하는 자연은 안 변합니다. 그 본질이나 속성은 결코 달라지지 않아요. 여기 살면서 그걸 실감합니다."

"그럼 선생님은 서울사람이세요? 아니면 시골사람이세요?"

"아, 정체성을 물으시는군요. 서울 가면 오히려 마음이 불편합니다. 살다 보니 지금 여기가 훨씬 편합니다. 인생은 길들이기라는 말도 있잖아요."

사람이 이쯤 되면 꽤 괜찮은 달관의 경지가 아닐까.

인간에겐 두 가지의 꿈이 있다. 하나는 현실에 순응하려는 세속적인 꿈이고, 또 하나는 그것을 초월하고자 하는 자유에의 본원적인 꿈이다. 작가로서 이렇게 변함없이 아름다운 자연 속에 삶의 터전을 마련하고, 자기만의 철학과 방식대로 산다는 건 나름대로 멋진, 꿈같은 일이 아닐까.

"어떠세요? 작가로서의 꿈을 어느 만큼이나 이루었다고 생각하십니까?"

"아직 이루지 못했습니다. 여전히 과정 중에 있지요. 끝없는 배움의 연속, 그것이 곧 작가의 길이라고 저는 믿습니다."

"아, 그래요? 저는 어느 정도 이루었다고 봤는데요."

"저는 문학을 예술보다는 학문 쪽에 더 무게를 두고 있습니다. 예술 분야에서 유독 문학만이 '배울 학(學)' 자가 들어 있는 이유를 곰곰 음미해 볼 필요가 있어요. 작가가 쓰는 작품의 본령이 '거짓말로 참말하기'라면 얼마나 많이, 폭 넓고 깊이 있게 알아야 하겠습니까. 그래서 남다른 감수성의 타고난 기질 위에 또 개성 넘치는 인생경험과 탄탄한 인문학이 받쳐 주지 않으면 결코 좋은 작가가 될 수 없다는 얘기지요."

"맞는 얘기 같습니다. 꿈보다는 공부가 먼저라는 데 저도 동감입니다."

"모든 사람이 읽고 감동 받는 작품 하나, 정말로 인구에 회자되는 작품 하나 쓰는 것이 작가로서의 궁극의 꿈이지요. 이곳에서의 이러한 제 삶도 그 문학의 꿈을 이루기 위한 일종의 수단입니다. 이 자체가 꿈이었던 게 아니고, 우선 맘껏 글을 읽고 쓸 수 있는 환경을 갖고 싶었습니다. 그런 측면에서 보자면, 거기 완전히 도달하지는 못했지만 그 과정만큼은 그런대로 이룬 셈입니다."

"지금까지 여기 살면서 겪었던 내용, 동네 사람들 이야기, 일과 노동 속에서의 깨달음, 자연과의 교감이나 평소 느꼈던

고달픔과 즐거움, 그런 것들을 한번 소설형식으로 쓰실 수는 없나요?"

"제 살아가는 이야기 말씀이군요. 연작형식의 소설이 여러 편 있습니다. 이 마을의 또 다른 이름이 산뱅이어서 그 부제를 '산뱅이 이야기'쯤으로 달아 볼까 합니다."

"그런 작품을 통해 세상과의 어울림, 갈등, 희비 같은 것을 잘 만나 볼 수 있을까요?"

"그럼요. 또 〈공주문화〉에 연재했던 글도 다른 잡지에 연재했던 글들과 함께 엮고 새로 보충해서, 인생이 무엇인가를 사색해 보는 에세이집으로 펴낼 생각입니다."

"소설도 소설이지만 〈공주문화〉에 연재한 글이 참 좋았다고 봅니다. 인생에 대한 반성이나 희로애락, 어떤 깨달음도 주고 삶의 교훈도 던져 줍니다."

"상당히 의욕을 갖고 쓴 글이에요. 말하자면 한국어판 《월든》을 만들어 보자는 욕심으로 그걸 쓰고자 했지요. 성격은 다소 다르지만 참살이 인생과 자연주의가 무엇인지, 나름대로는 속 깊이 성찰하고 절감하면서 쓴 글이 '함박골 통신'입니다."

"그래서 때로는 허구인 소설보다 자기 삶의 흔적이 사실대로 녹아들어 간 논픽션이 더 좋을 때가 있는 거겠지요?"

"그렇습니다. 나이 들면서 수필형식이 더 편하고 좋을 때가 있어요. 솔직 담백한 수필의 밀착된 매력 말이지요. 진솔한 삶이 글 속으로 깊숙이 녹아들어 간 매력 …. 작품의 생명은 역시 진실성에 있다고 봅니다."

스스로 주인인 삶

우리 삶은 시작도 중요하지만 마무리 부분은 더 중요하다.

그러므로 시작 부분에선 어느 정도 실패나 시행착오가 용인될 수 있지만, 인생의 끝자락에 이르면 그런 것에 그렇게 너그럽지가 않다. 후회 없는 완성도만이 더 소중하고 격조 높게 받아들여진다. 그래서 말년이 좋아야 한다는 것. 그것은 누구나의 희망사항이다. 작가들도 그렇다. 무릇 모든 작가는 무르익은 삶과 작품으로 걸어온 길을 평가받도록 되어 있고, 그때 비로소 자기완성을 이룬다. 성공한 인생과 작품의 완성도에 대한 작가의 의견을 묻는다.

"누구나 끝자락이 아름답기를 바라지요. 허지만 그렇게 되기는 꽤나 어려워요. 여한 없이 죽는 인생이 얼마나 되겠습니까. 어떤 노인은 거의 모든 과거가 실패와 후회투성이라고 한탄하더군요. 사람의 삶은 본인의 의지나 생각, 선택과는 달리 많은 갈등구조와 얽히지요. 사랑하는 부부 간에도 갈등이 생기게 마련인데, 얽히더라도 좀 헐겁게, 덜 아프게 얽히기를 바라고 노력할 수밖에 없습니다. 직장이나 가정, 사회 어디에나 항상 갈등 요인이 내재하고, 세상과 개인 사이에도 내가 원하지 않은 갈등 상태는 늘 생겨나게 마련인 것 같습니다. 그게 인생이니까요."

이런 갈등구조 속에서도 작가는 이곳 함박골 생활 십수 년 동안 가시적인 문학의 결실을 꽤 얻었다. 앞에서 밝힌 단편들과 연작소설 형식의 장편, 에세이 이외에 아름찬 시 수십 편과 긴 창작동화가 절로 써졌다고 한다. 여기서의 삶이 녹아들어 얻어진 소산이란다. 구상 중이거나 집필 중인 장편도 두어 편.

이곳에서의 수도승 같은 생활은 또 작가에게 앞날의 정신적 자양을 심화시켜 주고 단단한 디딤돌이 되어, 더 높이 더 멀리까지 작가의 독특한 리얼리즘적 자연주의 작품세계를 이끌어 갈 것이다.

김상렬 작가의 집이 위치한 자리는 차령산맥이 스치고 흘러

가는 태화산 줄기 언저리. 깔끔한 목조주택 거실에서 내다보는 창문이 넓고 시원하다. 그 넓은 창문으로 용머리 같은 나지막한 앞산이 환하게 건너다보인다. 이 집으로서는 안산(案山) 격인 바로 함박산이다. 산을 보며 소설가는 말한다.

"저 산을 보고 이 집을 지었습니다. 저 동산이야말로 저의 개인정원입니다. 산 주인이야 따로 있겠지만, 저 산을 철 따라 바라봐 주고 사랑해 주는 사람이 저니까 제가 주인인 셈이지요. 보이는 저 나무들이 산벚들인데, 꽃이 피면 기가 막히게 예쁩니다."

김상렬 작가님. 일생의 꿈, 작가의 꿈을 이루고 완성해 가는 것을 박수쳐 드린다.

앞으로 더욱 무성해질 창작생활과 자기완성의 길에 대해서도 많이 기대한다. 이렇게 아름답고 맑고 깨끗한 자연 속에서 또 봄은 오고 꽃은 피리라. 새가 우짖고 벌들이 잉잉대는 그 하늘에 비가 내리기도 할 것이다. 그러면 빗줄기는 더욱 세차게 키를 세워, 작가네 집 양옆으로 흐르는 개울물은 더욱 큰 소리로 찰찰찰 흘러갈 것이다. 그때쯤 다시 이 집을 찾아든다면 또 얼마나 환할까?

공주 시내로 귀환하는 길. 작가는 멀어지는 자동차를 바라보며 '함박덕'이라 새겨진 바위 앞에 오래도록 서있었다. 그러나 그 모습은 하나도 외롭거나 쓸쓸해 보이지 않았다. 왜냐하면 그것이 곧 그 스스로 좋아서 선택하고 실천하는, 그만의 독특한 삶의 방식이어서이다.

나무 심는 마음 제2판

조상호(나남출판 발행인) 지음

꿈꾸는 나무가 되어 그처럼 살고 싶다.
나무를 닮고 싶고 나무처럼 늙고 싶고
영원히 나무 밑에 묻혀 일월성신을 같이하고 싶은 마음

37년간 언론출판의 한길을 걸어온 만큼 저자에게는 출판 외에도 다 담아낼 수 없을 만큼 쌓인 경험과 연륜이 있었다. 세상 사람들에게 깨달은 메시지를 전하고 싶었던 그는 나무처럼 살고 싶은 마음을 이 책에 담아냈다.

나무와 관련된 이야기, 수많은 씨줄과 날줄로 엮인 인연의 에세이, 깊은 시각에서 기록한 여행기, 마지막으로 언론매체에 투영된 저자의 모습까지 한결같은 뚝심을 만날 수 있다. 독학으로 시작한 나무 키우기는 어느새 나남수목원의 20만 평을 차지하고 이제 우렁찬 숲과 계곡을 가꾼다. 10년 전 말했던 한국의 몽파르나스를 만들기 위한 꿈을 실현시켜 나간다. 뚝심으로 사철을 견뎌낸 '언론의병장'의 뜻대로 몇십 년 후에는 정말 한국을 대표하는 묘원을 볼 수 있지 않을까. 모든 것을 품은 나무처럼 세상을 들이마신 그의 이야기에 빠져 보자.

신국판·올컬러 | 364면 | 20,000원